La Normalización del Deficiente

La Normalización del Deficiente
Actitudes del Profesorado

Francisco Alberto Chueca y Mora, Ph.D.
Member, International Academy for Research
  in Learning Disabilities
Member of the Faculty, University of Deusto,
  Bilbao, Spain

International Academy for Research in Learning Disabilities
Monograph Series, Number 4

Ann Arbor   The University of Michigan Press

Copyright © by The University of Michigan 1988
All rights reserved
Published in the United States of America by
The University of Michigan Press

1991 1990 1989 1988   4 3 2 1

Library of Congress Cataloging-in-Publication Data

Chueca y Mora, Francisco Alberto, 1959–
   La normalización del deficiente: actitudes del profesorado /
Francisco Alberto Chueca y Mora.
     p. cm. — (International Academy for Research in Learning
Disabilities monograph series ; no. 4)
   In English and Spanish; summary in French and German.
   Title on added t.p.: Teachers' attitudes toward mainstreaming
handicapped children in Spain.
   Bibliography: p.
   ISBN 0-472-08075-X (pbk. : alk. paper)
   1. Handicapped children—Education—Spain—Case studies.
2. Mainstreaming in education—Spain—Case studies. 3. Teachers—
Spain—Attitudes—Case studies. I. Title. II. Title: Teachers'
attitudes toward mainstreaming handicapped children in Spain.
III. Series.
LC4036.S8C48 1987
371.9'0946—dc19   87-23742
                                                                      CIP

Paperback ISBN: 978-0-472-08075-5

This series of monographs published under the sponsorship of the International Academy for Research in Learning Disabilities is dedicated to the recognition of Professor Alexander Romanovich Luria, Ph.D., of the Union of Soviet Socialist Republics, a world-class professional whose work underscores a major development in an understanding of the neurophysiological development of learning disabled children and adults.

International Academy for Research in Learning Disabilities
Members of the Research Monograph Publications Committee

Richard H. Bauer, Ph.D.	*United States of America*
Lynette L. Bradley, Ph.D.	*United Kingdom*
Luis Bravo-Valdivieso, Ph.D.	*Chile*
James H. Bryan, Ph.D.	*United States of America*
Uta Frith, Ph.D.	*United Kingdom*
James J. Gallagher, Ph.D.	*United States of America*
Neil S. Gordon, M.D.	*United Kingdom*
Sasson S. Gubbay, M.D.	*Australia*
Merrill Hiscock, Ph.D.	*Canada*
E. Roy John, M.D.	*United States of America*
Ian A. McKinlay, F.R.C.P.	*United Kingdom*
Hanuš Papoušek, M.D., D.Sci.	*Federal Republic of Germany*
Ronald E. Reeve, Ph.D.	*United States of America*
Otfried Spreen, Ph.D.	*Canada*
William Steenkamp, Ph.D.	*Republic of South Africa*
William M. Cruickshank, Ph.D.	*United States of America*
Chairman	

The manuscript has been read by a minimum of three members of the Monograph Committee or by individuals not members of the Academy, but recognized as specialists in the area of the research. This study is recognized as significant by representatives of the Academy, but its publication by the Academy does not include International Academy for Research in Learning Disabilities endorsement of the research proposition, the methodology employed, or the conclusions reached. These are the sole responsibility of the author. It is a pleasure for the Academy to make this research available to the academic community in the spirit of further securing solutions to the complexities of learning disabilities.

Foreword

Nearly one-fourth of the population of the world is Spanish speaking. Numerous countries, Spain included, are following the lead of the United States of America, correct or incorrect, and are integrating handicapped children into the general education classes of the schools. Often referred to as "mainstreaming," "integration," or "normalization," little significant research has been done to validate this significant and often thoughtless departure from more traditional administrative policies regarding the education of exceptional children and youth. Dr. Francisco Alberto Chueca y Mora, Ph.D., a former Fulbright doctoral scholar at the University of California, Los Angeles, and currently a member of the faculty (FICE—Facultad de Filosofía y Ciencias de la Educación) of the University of Deusto, Bilbao, Spain, isolated a significant element in the program of mainstreaming and examined it in considerable depth.

The attitudes of teachers of general education classes toward handicapped children are important factors in the total concept of mainstreaming. As a matter of fact, even when a very careful policy of selective placement and preplacement diagnosis of children is followed, the general classroom teacher is unquestionably the most significant individual in the success or failure of the policy. The government of Spain and the Spanish Socialist party in office in the mid-eighties made mainstreaming one of the important elements in its political charter. This was done in spite of the relatively few centers of professional preparation for teachers of Special Education in that country and the fact that few general educators in that country had an orientation to handicapped children. To its credit, the Spanish Ministry of Education is now taking important steps to rectify this situation. The senior administrator of the ministry realized the unique position of the general educator in the success of the governmental policy.

When the interests of Dr. Chueca y Mora became known to the officials of the ministry, a great deal of support was provided in the examination of this fundamental component. Since other Spanish-speaking countries are also considering (or in some instances are attempting) a mainstreaming approach to Special Education, it appeared important that the work of Dr. Chueca y Mora not be lost in the usual archives of a university. His data have significance in the United States and other developed countries as well. In the United States, particularly in the states of California, New Mexico, Arizona, Louisiana, Florida, and cities such as New York, Los Angeles, or New Orleans, children with Spanish as their primary language are crowding into public and private schools. Bilingual education is a significant development of the present decade. General educators are challenged to the extreme when bilingualism is coupled with one or more clinical problems in the "mainstreamed" child.

This book contains an amended version of the original study by Dr. Chueca y Mora. The author has also written, in Spanish, a more substantive statement of the problem. The English quantitative data and the Spanish qualitative concepts together form a conceptualization of Spanish urban, suburban, and rural educational attitudes of teachers that is germane to the governmental policy of mainstreaming. Together they undoubtedly are meaningful to policies and programs of other nations as well.

Learning disabilities in children as a clinical and educational set of problems are included, although the focus is broader than learning disabilities per se. Since the attitudes of general education teachers toward exceptional children as a group (physically handicapped, hearing impaired, vision impaired, mentally retarded, gifted, ad inf.) also determine in large measure their willingness or unwillingness to accept those with learning disabilities into their classrooms, it appears to be appropriate to include this investigation in the International Academy for Research in Learning Disabilities Monograph Series.

It must be kept in mind that Spain as a country has had few centers of higher education for Special Education teacher preparation. This is still the situation in that country. Thus, general classroom teachers and administrators, through no fault of their own, had little opportunity to make an acquaintance with exceptional children individually or as a group. In reality, this is not much different than in the United States or Canada. However, in the latter countries there are an ample number of centers for professional preparation of specialized teachers of Special Education. In spite of this, few university faculties require all preservice or graduate general educators to take courses dealing with exceptionality. Even fewer such students volunteer to take Special Education courses independently. In this regard, the situation between the United States and Spain is similar in spite of the fact that the former possesses hundreds of universities, some of which have been offering training programs in Special Education for nearly a century. While mainstreaming as a practiced philosophy is not old, it is tragic that in the United States general educators and especially elementary and secondary school administrators are essentially ignorant of the nature and needs of approximately one-fifth of their school system's pupil enrollments. Yet, in the face of this blatant ignorance, mainstreaming of handicapped children into the regular grades has been a thoughtlessly accepted panacea to the complex educational and social problems of this huge group of children and youth. The often encountered horror stories related to mainstreaming must eventually alert parents to the fact that all is not right within the hallowed halls of the schools where parents are frequently not welcomed except for the annual parents' night. These are harsh words, but they reflect a situation as it is, one born with no substantive research to support it, and one against which the individual exceptional child or the parents of such a child are too weak to fight an establishment's decisions, regardless of the inappropriateness of those decisions affecting their child. Recently I visited an elementary school and was taken by the principal to see a second grade classroom practicing mainstreaming. Nineteen children were the responsibility of a teacher who had no aide or other adult assistance and who had no higher education preparation for work with exceptional children. Among the nineteen pupils were one trainable mentally retarded child, two educable mentally retarded children, one child with cerebral palsy in a wheelchair, one girl on crutches with an uncorrected congenital dislocated hip, one gifted child, and one emotionally disturbed child. Most of the exceptional children were downgraded by at least three years. Some will say that this is unusual and extreme. Perhaps that is true. Nevertheless, it happened in what is generally recognized as a good, modern school system. Some university professors, particularly in the United States, have taken a pontifical authoritative attitude based on their own miniscule research and claim the virtues of mainstreaming in published articles and addresses. These individuals should know better. Few have ever had a classroom teacher's responsibility of the nature about which they write or speak. They ill represent educational leadership.

If mainstreaming is to succeed in any other way than in the careful practice of selective placement of children, then several things must happen simultaneously. First, there must be a moratorium on mainstreaming until other items being suggested have been successfully accomplished. The Individual Education Planning Committee concept under Public Law 94-142 has not succeeded as a protection for children and parents (Cruickshank, Morse, and Grant, in preparation).

Second, a long-term program of orientation and education of *all* public school personnel (school administrators, board members, all teachers, school support staffs, parents, and children) must be put into place (Paul, Turnbull, and Cruickshank 1977). Third, if Public Law 94-142 is to become effective, we need a national requirement that some type of university experience germane to the problem must be required of all personnel entering any and all phases of public or private education. Finally, mainstreaming as a wholesale policy must be legally replaced by a thoughtful program of selective placement of those handicapped children who are judged to be capable of competing at age in grade—emotionally and academically—with their normal peers. Mainstreaming is not a panacea, nor is it a simple administrative decision. Members of boards of education who have permitted it to be so have abrogated a significant responsibility to the thoughtless recommendations of ill-informed administrators. In more than twenty years of visiting schools in North America, I have seen somewhat less than a dozen modestly successful programs of quality mainstreaming. (See also Opp 1984.)

To the credit of the present Kingdom of Spain, officials of that country have taken an important first step. With care and effort, through the work of Dr. Chueca y Mora, a serious attempt to ascertain the attitudes of teachers—urban, suburban, and rural—toward handicapped children and youth has been undertaken and reported. In addition to a simplistic inquiry regarding attitudes—the outcome of which could be anticipated—general educators have been asked what it is they need to more readily and successfully receive exceptional (handicapped) children into their classes and schools. These serve as the essential elements of this monograph.

As it has already been emphasized, children with learning disabilities are considered one clinical subtype of the total study group conceptualized by Dr. Chueca y Mora. Accurately diagnosed learning disabled children possessing some or most of the characteristics of psychopathology do indeed constitute one of the most complex of all problems of child development. Indeed, it is questionable that they can, during their early school years, qualify appropriately as candidates for mainstreaming until specialized teachers and others have been able to minimize the psychopathology and bring the child successfully to a level of age-in-grade competition with peers. Most general classrooms violate the basic needs of the great majority of accurately diagnosed learning disabled children (Cruickshank 1977, 1986).

Through the insights of Dr. Chueca y Mora and his Spanish and American advisors, learning disabled children in a nonisolated manner have been included in this study of teacher attitudes and perceived needs. A subsequent study is needed to assess the same data, but it should focus on the specific categories of clinical Special Education (i.e., mental retardation, conditions of crippling, learning disabilities, deafness, etc.). In the absence of the latter data, however, the Spanish government and specifically the University of Deusto have initiated a broad program of education for in-service general educators—a program that must be pursued with a greater effort if it is to succeed. However, the data included in this monograph give substance to the willingness of general educators to assume another complex educational responsibility if and when they have a full understanding of its essence and implications. In this sense, it is a significant contribution.

William M. Cruickshank, Ph.D.
University of Michigan

References

Cruickshank, W. M. 1977. *Learning Disabilities in Home, School, and Community*. 2d ed. Syracuse: Syracuse University Press.

———. 1986. *Disputable Decisions in Special Education*. Ann Arbor: University of Michigan Press.

Cruickshank, W. M.; Morse, W. C.; and Grant, J. O. In preparation. "The IEP: A Step in the History of Special Education."

Opp, G. "Mainstreaming." 1984. Ph.D. diss., University of Munich, West Germany. (In German.)

Paul, J. L.; Turnbull, A.; and Cruickshank, W. M. 1977. *A Practical Guide to Mainstreaming*. Syracuse: Syracuse University Press.

Acknowledgments

This study has been made possible thanks to the suggestions, guidance, and contributions of quite a few people in both Spain and the United States. Certainly a work such as this is built upon and incorporates the collaboration of many persons other than the author.

I am grateful to the Ministry of Education of Spain, and particularly to Dr. Alvaro Marchesi for granting me the permission to collect data from educators in Spain. I also want to extend my appreciation to Sta. Lola Sahuquillo for her willing cooperation. Sincere appreciation of the teachers for their time in completing the questionnaire is also extended. Finally, thanks are also extended to Dr. William M. Reynolds for the use of his questionnaire, the EAS, and for his permission to modify it appropriately to the Spanish situation.

In the United States at the University of California, Los Angeles, several individuals served as significant advisors to me. Dr. Frank Hewett, then chairman of the Department of Special Education, was my senior advisor and provided me with expert advice, instruction, and encouragement from the very first step to the completion of this study. His assistance has been invaluable.

Several faculty members were particularly helpful through advice, criticism, and suggestions. These included Dr. Howard Adelman, director of the Fernald School and a professor; Dr. William M. Cruickshank, visiting professor from the School of Public Health, University of Michigan; Dr. Steven Forness of the Neuropsychiatric Institute, UCLA; Dr. John Hawkins, School of Education, UCLA, and Dr. Antoinette Krupski, whose academic sophistication, thoughtful criticism, and interest in this study were a great encouragement.

Finally, to Picolo De Orbe; Caroline Schawaff, D.D.S.; Patricia Gertaldi; and Kim Kyung Sung much appreciation is extended for their help in coding, punching, and analyzing the data as it arrived from Spain.

Indice de materias

Abstrakt xvii
Résumé xix
Introducción 1
1 La integración del deficiente: Un asunto de carácter
  internacional 5
2 Análisis de actitudes: Elementos de estudio 13
3 Análisis de actitudes del profesorado español 31
4 Estrategias para el cambio de actitudes 65
5 Modificación de los programas de formación del
  profesorado 77
6 El programa de integración en marcha 81
  Apéndice 95
  Bibliografía 99
  Edición inglés 109

Abstrakt

Der Zweck dieser Studie war (1) die gegenwärtige Haltung von Grundschulund Gymnasiallehrern zu den in das allgemeine Schulwesen integrierten, geistig behinderten Schülern in ihren Klassen in Spanien zu beurteilen, (2) jede Beziehung, die möglicherweise zwischen der Haltung der Lehrer zu diesen Sonderschülern und verschiedenen ausgewählten Faktoren (wie z.ßsp.: Alter, Geschlecht, etc.) besteht, festzustellen, (3) mögliche, wesentliche Unterschiede der Einstellung von Normal- und Sonderschullehrern zum regulären Unterricht für das behinderte Kind zu untersuchen, (4) die Wirkung von Zeit und Wissen in der bereits genannten Haltung zur Integrierung, und (5) ein zuverlässiges Mittel zur Beurteilung der Haltung der Lehrer gegenüber der Integrierung geistig behinderter Kinder zu finden, damit die Erkenntnisse dieser Studie als Basis, sowohl für den zukünftigen Studienplan in der Lehrerausbildung als auch für die Entwicklung von Unterrichtsprogrammen für das örtliche, regionale und nationale Ausbildungswesen in Spanien dienen kann.

Die festgestellten Verhaltensdaten wurden aus den im Fragebogen (Verhaltensuntersuchung zur Ausbildungsfrage, von Dr. William M. Reynolds) ersichtlichen Antworten von 1,210 spanischen Lehrern zusammengetragen.

Man stellte Wechselbeziehungen fest und führte Analysen von Veränderungen, einen t-test und chi-square durch. Die Resultate ließen wesentliche Beziehungen zwischen dem im Fragebogen festgestellten Verhalten der Lehrer und (1) dem Standort der Schule; (2) Geschlecht; (3) dem Alter der Lehrer; (4) ihrer Berufsjahre; (5) ihrem Ausbildungsniveau; (6) ob der Lehrer an Sonderschulkursen teilgenommen hatte oder nicht, erkennen; (7) ihrem Fachgebiet; und (8) Normal- und Sonderschullehrern.

Aufgrund der Ergebnisse dieser Untersuchung konnten mehrere Schlußfolgerungen gezogen werden, unter anderen, daß die Lehrer, die an speziellen Sonderschulkursen teilgenommen hatten, ein wesentlich positiveres Verhalten zeigten. Bei den Lehrern, deren Verhalten weniger positiv war, ließ ein bedeutender Prozentsatz erkennen, daß sie mangelnde Kenntnisse von den Umständen und charakteristischen Merkmalen der geistig behinderten Kinder hatten und dachten, daß sich ihre Ansichten ändern könnten, wenn sie über eine bessere Ausbildung verfügten.

Weitere Folgerungen dieser Studie weisen auf die Notwendigkeit hin, ein Modell für die Lehrerausbildung zu entwickeln, das sowohl ein Programm für bereits im Beruf stehende als auch angehende Lehrer in Spanien enthält.

Résumé

Les buts de cette étude ont été: (1) de mesurer les attitudes présentes des professeurs de l'enseignement primaire et secondaire envers l'éducation des étudiants arriérés dans leurs classes en Espagne; (2) d'identifier quelconque rapport qui puisse exister entre les attitudes des professeurs envers les étudiants retardés (à l'éducation) et plusieurs variables selectionnées; (3) de rechercher les différences possibles d'attitude significatives entre les professeurs d'education reguliéres et spéciale pour enseigner en des classes régulieres aux enfants arriérés; (4) de vérifier l'effet du temps et des connaissances dans les attitudes indiquées vers l'intégration; (5) de trouver un instrument approprié pour déterminer l'exactitude dans la mesure des attitudes des professeurs envers l'intégration des enfants arriérés et, tout ça pour que les découvertes de l'étude servent de base à un exposé du futur ''curriculum'' dans l'éducation du professeur, ainsi que pour le developpement de programmes de recyclage dans le système éducatif, à niveau local, régional et national, en Espagne.

Les données des attitudes indiqués ont été recuillies de résponses de 1,210 professeurs espagnols au questionnaire "E.A.S." qui fut développé par M. le Docteur W. M. Reynolds.

Des corrélations, d'analysis de varíancía, t-test et chi-square ont été présentés. Les résultats ont indiqué des relations significatives entre les attitudes indiqués des professeurs, à partir du questionnaire et: (1) de la localisation de l'école; (2) sexe; (3) de l'age des professeurs; (4) des années d'expérience des professeurs; (5) du niveau des professeurs; (6) du fait que le professeur ait suivi, ou non, des cours d'éducation spéciale; (7) de la spécialité des professeurs; et (8) en deux catégories, d'éducation spéciale et d'éducation normale.

Ayant pour base les résultats de l'étude, on en a tiré plusieurs conclusions, parmi lesquelles les professeurs qui ont suivi des cours d'éducation spéciale on montré des attitudes positives significativement supérieures. Quant aux professeurs qui montraient des attitudes positives inférieures, un pourcentage significatif faisait preuve de faute de connaisance des conditions et des caractéristiques des enfants arriérés et ils croyaient pouvoir changer leurs attitudes pourvu qu'une plus profonde instruction leur fait offrie.

D'importantes implications de cette étude suggérent le besoin de développer un modèle de programme de préparation du professorat incluant une action de recyclage pour ceus qui sont déjà en train de travailler et une prálable formation pour les futur professeurs réguliers en Espagne.

Introducción

La integración del deficiente* en el sistema escolar significa un cambio no sólo en los servicios que los sujetos de educación especial van a recibir sino, y más importante, un cambio en la forma de pensar sobre principios filosóficos educativos y actividades educativas. Los profesores no tienden a desarrollar nuevas formas de enfocar y solucionar problemas. La naturaleza del cambio educativo es un proceso complejo que requiere involucrar a muchos sujetos. Tanto a nivel administrativo en los Ministerios y Consejerías como a nivel de los centros escolares, el personal dedicado a la enseñanza tiene serias responsabilidades en el planeamiento, administración y desarrollo de la integración.

La integración del disminuído en los centros regulares no puede instaurarse por Real Decreto. El éxito de la integración depende del deseo y de la capacidad de los educadores de cooperar con todos aquellos que, de alguna forma, tienen que ver con la escuela. Alumnos, padres y sociedad son elementos vitales del contexto social de la escuela. Los administradores y profesores deben compartir con ellos las responsabilidades de planificación, desarrollo y evaluación del programa de integración.

Las nuevas disposiciones, regulaciones, leyes y decretos que se están promulgando con el fin de mejorar al deficiente no pueden ser felizmente puestas en efecto si no hay una mayor receptividad hacia éste como persona con diferencias individuales.

---

*A lo largo de esta obra se utilizan los términos ''deficiente, disminuído o impedido'' como sinónimos. Se hace referencia en cualquier caso a sujetos afectados, intelectual, sensorial o emocionalmente.

El principio de normalización, es decir, el proveer a los niños disminuídos de las oportunidades para participar en actividades, programas y formas de vida que se aproximen tanto como sea posible a las del niño no disminuído, incluyendo la integración en la escuela regular y su normalización, debe ser incorporado en el diseño de toda planificación educativa. Con la integración del niño especial en la educación general, las actitudes del no disminuído, e incluso las del disminuído son de enorme importancia para determinar el éxito final del programa (Gottlieb 1975).

Los estamentos públicos que han promulgado estas leyes asumen que a través de la integración total en las escuelas regulares se alterarían puntos de vista y actitudes tradicionales hacia el deficiente. Esas modificaciones parecen ser sólo posibles mediante un mejor entendimiento de las actitudes que determinan el estatus y el trato que la gente da al deficiente en la sociedad en general y particularmente en nuestras escuelas.

La integración, como se ha dicho anteriormente, supone algo más que una mera decisión administrativa. Es, sin duda alguna, el plan educativo que significa una mayor responsabilidad en un mayor número de gente sobre las vidas de más niños. Aquellos en los que sin embargo, más responsabilidad parece recaer son los profesores regulares. Aun así, todos en el sistema escolar comparten esa responsabilidad y tienen un papel que jugar de cara a su éxito. Si una parte de la cadena no funciona todo el programa está comprometido y aquellos niños a los cuales se dirige la idea de la integración son los perjudicados. Esa parte de la cadena que con frecuencia no funciona es la referida a la falta de conocimiento y entendimiento de las características y condiciones del niño especial.

Se tiende a creer que porque un profesor es un profesional, él o ella sabe todo lo necesario sobre la enseñanza de niños y adolescentes. Los miembros de la administración, por otra parte, están convencidos de que las decisiones que ellos toman serán entendidas por aquellos que las tienen que llevar a efecto. Esta forma de pensar es ingenua. De hecho, creer que por su preparación profesional los profesores son diferentes y que gracias a esa preparación la sociedad cuenta con un mecanismo disponible que responderá a las necesidades de la comunidad para la integración del niño especial, es ingenuo.

Los educadores, administradores, profesores y personal auxiliar son un grupo de gente no muy diferente del de otros segmentos de la sociedad. Los profesores proceden principalmente de la clase media. Representan a este grupo e incorporan formas de pensar, prejuicios y actitudes. Estos, de la misma forma que otros grupos sociales, poseen el mismo tipo de actitudes históricamente producidas sobre los disminuídos. A veces esas actitudes negativas están escondidas y no aparecen porque se supone que un profesor no puede pensar así. Sin embargo, en ocasiones, esas actitudes que ven al deficiente en forma algo menos que positiva, salen a relucir y son, de hecho, vistas como factores de control negativos.

Se reconoce desde hace ya bastante tiempo que es el adulto el que induce en el niño disminuído las restricciones con respecto a su deficiencia. No es el grupo de la misma edad de la escuela y sus compañeros de clase los que rechazan al deficiente. Estos niños especiales son aceptados o rechazados no en función de las deficiencias que presentan sino en función de los rasgos característicos con los que los niños normales son juzgados. Los adultos son una parte importante en la vida de los niños y los profesores representan uno de los grupos más influyentes en la adaptación de estos niños. Si estos profesores presentan actitudes negativas hacia el niño especial, las consecuencias en la adaptación del niño deficiente que ha de ser integrado en la clase regular donde esas actitudes se dan serán perjudiciales.

A comienzos de Setiembre de 1985, por primera vez en la historia del país, algunos profesores regulares de las escuelas públicas españolas se han visto obligados a integrar a niños ligeramente impedidos. Este movimiento hacia la integración es el resultado de presiones políticas, financieras y sociales.

Con el cambio en el sistema político de una dictadura a una democracia dirigida por un gobierno socialista y la nueva Constitución aceptada popularmente en 1978, la integración se ha convertido en un derecho que ningún partido político cuestionaría y mucho menos el partido socialista ahora en el poder. Desde sus principios, el partido socialista ha apoyado en sus programas educativos alternativos la integración del niño deficiente en la escuela regular.

Durante estos últimos años, la integración ha sido citada tan frecuentemente que se podría pensar en ella como en un elixir mágico más que como una orientación particular para servir a la mayoría de los niños deficientes. Se ha tratado como si la completa participación en los programas de educación regular pudiera superar cualquier adversidad que se presentara al trabajar con niños especiales.

En efecto, algunos parecen verlo como la panacea para todos los males; otros como una orden legal de la presente administración.

En cualquier caso, está claro que los profesores regulares han sido llamados para hacer frente a nuevos cambios en la instrucción y administración.

CAPÍTULO 1
La integración del deficiente: Un asunto de carácter internacional

El aspecto de la integración que ha recibido una atención mínima comparado con lo concerniente a temas administrativos y organizativos es la importancia de las actitudes del profesor regular. Mientras la integración puede imponerse por leyes vinculantes, la forma en la que el profesor responde a las necesidades del niño especial puede ser una variable mucho más importante que cualquier estrategia administrativa o curricular a la hora de determinar el éxito de la integración.

España no es el único país que se ha enfrentado al reto de la integración.

Desde la implantación de la Ley de Educación para Todos los Impedidos de 1975 (P.L. 94-142) los servicios de Educación Especial se han convertido en una parte importante del programa de la escuela regular en los Estados Unidos. Con más de cuatro millones de alumnos especiales con problemas físicos, mentales y emocionales integrados en el sistema escolar, la integración del alumno especial dentro de los programas de la escuela regular se ha convertido en un hecho extremadamente importante.

Junto con los Estados Unidos, muchos países europeos han comenzado a implantar programas de integración del alumno especial. Entre ellos están Suecia, Noruega, Dinamarca, Inglaterra y Alemania. La integración se ha convertido, en estos diez últimos años, en un evento de carácter internacional. Actualmente el énfasis es totalmente diferente de las anteriores prácticas aislacionistas que caracterizaban las formas primarias de servicios de Educación Especial. Durante esta última década ha habido intentos de situar al niño impedido en ambientes donde recibiría el máximo apoyo educativo. Durante muchos años, la principal respuesta de la escuela pública y la sociedad a las necesidades de los niños deficientes ha estado caracterizada por una filosofía de ignorancia del problema. Hoy la litigación judicial y la legislación han sido determinantes para el establecimiento de programas de integración de los alumnos ligera y medianamente impedidos en aulas regulares en los Estados Unidos y en muchos países europeos. En el caso de ciertos alumnos especiales, se ha asociado a dicho emplazamiento ventajas académicas y sociales.

Muchos educadores se están acercando cada vez más a la integración sin reconocer las barreras que antes han de superarse. Sin embargo, no se puede negar la existencia de ciertos prejuicios hacia el alumno deficiente, prejuicios con los que hay que contar (Martin 1976). Aunque se ha escrito mucho sobre las habilidades y competencias necesarias para enseñar al niño deficiente en ambientes integrados, poco se ha dicho sobre las actitudes y percepciones de los educadores hacia el deficiente y hacia el proceso de integración.

Actitudes hacia la integración: Variables importantes

Hay razón para creer que las actitudes de los educadores hacia la integración son importantes. Se ha encontrado que las actitudes de los profesores de aulas regulares afectan al tratamiento de los alumnos (Good y Brophy 1972; Silberman 1969), y esas actitudes podrían ser cruciales para el éxito o el fracaso de la integración. La posibilidad de que las actitudes mantenidas por el profesor puedan llegar a ser profecías que se cumplen por sí mismas fue examinada por Mitchell (1976).

La conclusión de su revisión proponía que en determinadas circunstancias las expectativas fundadas en actitudes más que en hechos, pueden afectar negativamente el comportamiento académico o social de un estudiante. Una amplia gama de provechosos estudios han suscitado serias preguntas sobre el efecto de las actitudes del profesor en la enseñanza de alumnos especiales (Anthony 1972; Combs y Harper 1967; Haring, Stern y Cruickshank 1958; Kearney y Roccio 1956; Murphy, Dickstein y Dripps 1960; Panda y Bartell 1972). Mientras las investigaciones reflejan una fuerte corriente de interés hacia la integración y asuntos relacionados, hay muy pocos datos sobre las actitudes del educador hacia la integración.

Las actitudes y expectativas de los profesores pueden afectar positiva o negativamente al éxito del estudiante, a la conducta del profesor y a la del estudiante. La idea de que los individuos se verán a sí mismo y se comportarán de forma consistente con las actitudes manifestadas por otros tiene apoyo en la literatura especializada (Behling 1981; Brophy y Good 1974; Brophy 1979; Dworkin 1979; Good 1981; Purkey 1978). Estas actitudes manifestadas son puestas de relieve a través de ciertos comportamientos como expectativas, ánimo, atención y evaluaciones. Purkey (1978, 2) afirmó que la influencia de las actitudes manifestadas por los otros ha dado lugar a la diferencia entre si el sujeto se ve a si mismo como "responsable, capaz, valioso o irresponsable, incapaz e inútil." Las actitudes de los otros contribuyen a las percepciones de autovaloración de los sujetos, y esas percepciones se manifiestan en sus conductas. Purkey (1978) concluía que estas autopercepciones eran ingredientes básicos en el éxito o fracaso de los individuos.

Como parte de su trabajo, Behling (1981) hizo una investigación sobre las expectativas del profesor hacia el estudiante, y concluyó que éstas se reflejaban en los niveles de éxito de aquellos. La importancia de que el profesor tenga actitudes positivas hacia el estudiante está, pues, probada. Good (1981, 417) concluía, basándose en su investigación sobre las expectativas del profesor, que éste se comportaba de diferente forma con diferentes estudiantes. Good afirmaba lo siguiente:

Este comportamiento diferenciador afecta, y con el tiempo modela el autoconcepto de los estudiantes, su motivación para el éxito y sus niveles de aspiración. Los estudiantes de expectativas elevadas serán conducidos al éxito en alta proporción; el éxito y la conducta de los estudiantes de pobres expectativas se irán conformando cada vez más a las expectativas de los profesores.

Como han señalado los anteriores autores, dichas expectativas no son por sí mismas ni buenas ni malas. Su capacidad para afectar positiva o negativamente el rendimiento y comportamiento de los alumnos está determinada, no por su presencia o ausencia, sino por su exactitud, flexibilidad y ajuste en relación con el estudiante. El profesor o administrador que percibe correctamente el potencial o capacidad del estudiante tendrá probablemente actitudes y expectativas realistas. Mientras el "quid" del asunto en relación al estudiante depende, en parte, de si las expectativas del profesor son ciertas o equivocadas, son importantes la flexibilidad y adaptabilidad de los profesores para ajustar sus respuestas de acuerdo con nuevas informaciones. Dada la relación entre las actitudes del profesor y el rendimiento de los alumnos, se han estudiado los métodos para medir las actitudes de los profesores y las variables que afectan esas actitudes. Esta medición de las actitudes es importante para el desarrollo de una comprensión de la efectividad del presente movimiento de integración y las necesidades de los profesores de aula regular en lo relativo a proveer una experiencia educativa a los alumnos deficientes.

Las actitudes y expectativas vienen a ser más cruciales si se convierten en profecías que se cumplen en sí mismas, esto es, cuando dan lugar a una condición o conducta considerada erróneamente como existente. Diversos autores han orientado sus trabajos hacia este tema (Foster, Ysseldyke y Reese 1975; Good y Brophy 1972; Larsen y Ehly 1978; Rosenthal y Fode 1963). Rosenthal y Jacobson (1968) fueron de los primeros en investigar el efecto de las actitudes de los profesores tal y como quedaban demostradas a través de sus expectativas, en el nivel de actuación de los niños. Sus hallazgos sugieren que los alumnos rinden al nivel esperado por el profesor. En su estudio, administraron pruebas a estudiantes de grado elemental, considerando a un grupo como "superior," aunque no había diferencias significativas en las puntuaciones de los estudiantes. Se dijo a los profesores que esperaran progresos significativos en el rendimiento del grupo "superior" durante el curso.

Los hallazgos del estudio indicaron progresos significativos en el grupo "superior," llevando, por tanto a los investigadores a concluir que las expectativas de los profesores eran la causa del prògreso en el rendimiento de los alumnos.

Aunque ha habido una fuerte controversia acerca de los datos presentados por Rosenthal y Jacobson (1968) (Clairborn 1969; Good 1981; Snow 1969) se ha generado un interés considerable en lo relativo al efecto de las actitudes del profesor en la actuación del alumno, y ha conducido a investigaciones adicionales sobre el efecto de dicha variable.

Good (1981) revisó una decada de investigaciones sobre los efectos de las expectativas del profesor en el rendimiento de los estudiantes y concluyó que las expectativas del profesor se reflejaban en las percepciones que los alumnos tenían de sus capacidades y, en último término, en sus rendimientos. La pregunta de si el estudiante crea las expectativas del profesor a través de su comportamiento o si son los profesores quienes crean el comportamiento del alumno a través de sus expectativas, continúa sin respuesta hasta la fecha. Good (1981, 417) coincide con Cooper (1979) en este punto y añade que:

por lo menos, las expectativas de los profesores y su comportamiento consecuente mantienen las diferencias de conducta de los alumnos, incluso aunque no las hayan creado.

Yap afirma lo siguiente (1977, 38):

los profesores son quizás, la influencia más fuerte en el comportamiento y el aprendizaje. Los alumnos son influídos por el comportamiento de los profesores, sus expectativas y sus actitudes hacia los niños. . . . Es amplia la evidencia de que las actitudes de los profesores hacia los niños influyen significativamente en sus conductas y en las interacciones sociales en el aula.

Jones et al. (1978) afirmaron que es necesario recoger, entre otros, datos relativos a las actitudes de los profesores para llegar a comprender el verdadero impacto de la integración; así pues, la medición de estas actitudes recogidas a través de cuestionarios de actitudes, entrevistas y observaciones, es necesaria. Es vital la necesidad de comprender las actuales actitudes de los profesores, las variables seleccionadas que pueden afectar a estas actitudes y la validez predictiva de las mismas.

Se puede demostrar entonces, que el efecto de las actitudes en el proceso de integración influye en las habilidades a desarrollar, en el contenido a enseñar y en el ambiente en el que el niño especial se encuentra. También la familiaridad con esta área es particularmente vital, en cuanto que las actitudes positivas hacia el niño deficiente pueden facilitar el funcionamiento del niño y las negativas pueden dificultar su integración.

Mirando con un poco de detenimiento la relación entre las actitudes y la incorporación de nuevos servicios asistenciales, esto es, la asimilación de la integración como programa educativo dirigido a poblaciones especiales, nos encontramos con las siguientes actitudes que parecen generar resistencia a la introducción de cambios educativos:

a) El miedo al contacto con niños disminuídos.

b) Los padres de niños disminuídos y organizaciones que los representan pueden desconfiar de profesionales no especializados.

c) Los disminuídos y sus representantes tienden a tener temores realistas sobre las reacciones de los miembros de la comunidad con los cuales van a ser forzados a interaccionar.

d) Los profesores y administradores que por primera vez han recibido la responsabilidad de tratar con el disminuído, piensan que no serán capaces de responder a sus nuevas tareas, y de hecho temen que la presencia del disminuído complique sus carreras profesionales y les acarree fracasos personales e infelicidad. (Jones y Guskin 1984)

Parece haber evidencia de que la gente tiende a adaptarse a los hechos consumados y a cambiar sus creencias para justificar los cambios de conducta efectuados (Festinger 1957).

Con frecuencia la gente no hace lo que le gustaría hacer. Esto es tan obvio que a veces tendemos a olvidarlo. Hacemos lo que es legal, moral o ético o lo que a la larga acaba teniendo consecuencias positivas, y no necesariamente lo que nos da mayor placer inmediato. A veces aprendemos cómo actuar, en diferentes situaciones, gracias a refuerzos y castigos. Si alguno de esos refuerzos está claramente conectado con acciones, la persona ve buenas consecuencias en esas acciones. Además el entorno, a través de personas de influencia, informa sobre lo que es correcto y estas personas actúan como modelos para la acción correcta. Mucho de lo que aprendemos, es de hecho, un resultado de observaciones que hacemos de otros, observaciones que resultan gratificadas o castigadas por ciertas acciones. Una vez que actuamos repetidamente en una forma determinada impulsados por tales factores sociales o porque esperamos buenas consecuencias de nuestros actos, nuestra conducta puede escapar al pensamiento consciente. Es como cuando conducimos un coche: nos paramos ante el semáforo en rojo sin pensarlo. Nuestras actitudes por tanto pueden ser desarrolladas de forma que conformen nuestra conducta, y por tanto, podemos adquirir actitudes que justifiquen lo que hacemos.

La relación entre actitudes y conducta es por lo tanto recíproca. Actitudes predisponen a la acción y la acción conforma las actitudes. Desde una perspectiva histórica y multicultural, los individuos mantienen actitudes que les son útiles para una acción social efectiva en un período histórico particular y en una determinada cultura. Estas actitudes predisponen su conducta, pero cuando su conducta ha sido conformada por sucesos de su tiempo (nuevas leyes, movimientos sociales, viajes u otros paises, etc.) estos sujetos adquieren nuevas actitudes.

Por tanto si mantener un trabajo requiere que uno trabaje con disminuídos, a uno no le queda más remedio que hacerlo y pronto llegará a pensar que ese trabajo es apropiado. En segundo lugar, el contacto con el disminuído puede mostrar que esa actividad no lleve a experiencias desagradables anticipadas, de esta forma las actitudes pueden ir haciéndose positivas de forma gradual.

Esta posible conexión entre cambios educativos introducidos en el sistema escolar y actitudes ilustra la importancia de un estudio de actitudes ahora que a nivel internacional se están introduciendo cambios de tipo cualitativo en nuestros sistemas escolares por la incorporación de programas de integración y normalización.

El autor de este estudio mantiene el punto de vista de que es preciso estudiar las actitudes del profesorado para cambiarlas si no son suficientemente positivas, y de esta manera facilitar la adaptación de niños deficientes. La filosofía en la que se basa este punto de vista es que todas las personas tienen derecho a ser respetadas independientemente de sus características físicas, raciales, religiosas, étnicas u otras, y en la convicción de que defender este respeto es de máximo interés para la sociedad. Por lo tanto es mejor integrar al disminuído en la escuela regular que segregarle, e informar a los niños que atienden esas escuelas, al público en general y al personal educativo sobre la naturaleza del niño disminuído (en tanto en cuanto esa diferencia exista) mejor que dejar que cada uno sea guiado por sus propios prejuicios, preconcepciones y predilecciones.

CAPÍTULO 2
Análisis de actitudes: Elementos de estudio

En este capítulo revisaremos la literatura relacionada con las actitudes de los educadores hacia los niños deficientes y los componentes del concepto de integración.

Componentes de las actitudes del profesor

El término *actitud* es con frecuencia usado por el público para designar un estado psicológico que predispone a una persona hacia la acción.

Uno se puede sentir bien, a favor, mal, anti o en contra de un objeto actitudinal. Muchos de los actuales investigadores de actitudes están usando esta definición restrictiva de la palabra. Otros, sin embargo, han tomado el punto de vista de que el concepto es usado muy frecuentemente por la gente y que por tanto, se debe utilizar la definición popular. Esta perspectiva defiende la definición de actitud como portadora de varios componentes. Entre los que defienden esta posición está Allport (1935), quien definía actitud como:

> un estado mental y neuronal de disposición, organizado a través de la experiencia, que ejerce una directa o dinámica influencia en la respuesta del individuo ante todos los objetos y situaciones con las cuales está relacionado. (P. 810)

Triandis (1971), siguiendo muchos otros investigadores, utiliza una definición compuesta por tres elementos:

una actitud es una idea cargada de emoción que predispone a un tipo de acción con respecto a una clase particular de situaciones sociales. (P. 2)

Esta definición tiene tres componentes: la idea (componente cognitivo), la emoción unida a ella (componente afectivo) y la predisposición hacia la acción (componente de conducta). Así las actitudes aparecen como compuestas de tres elementos: (1) el elemento cognitivo, consistente en creencias acerca del sujeto, (2) el elemento afectivo, que implica sentimientos de agrado o desagrado hacia el sujeto, (3) el elemento comportamental, que comprende una predisposición hacia una acción particular en relación al sujeto. Cuando estos elementos se agrupan alrededor de un único objeto y son relativamento duraderos, el fenómeno se describe como actitud (Baron y Byrne 1977).

Por ejemplo, si un profesor tiene una actitud negativa hacia el retrasado mental, tal vez le desagrade un niño con retraso mental, tal vez crea que ese niño es incapaz de aprender y rehuya, por tanto, individualizar la instrucción para ese niño.

Las revisiones bibliográficas existentes sobre las actitudes de los profesores se centran en incapacidades particulares (Hart 1973), su importancia general en la sociedad (Mitchell 1976) y sus orígenes y modificaciones, o incluyen actitudes de los profesores y de otros grupos hacia el impedido, incluidos compañeros y padres. En esta sección intentaremos analizar diferentes trabajos, explorando el aspecto de las actitudes del profesor hacia el impedido, pero ello a través de una variedad de deficiencias, mas que centrándonos en una sola. En la siguiente sección estudiaremos cada uno de estos componentes por separado.

Componente cognitivo

La investigación orientada hacia la educación se ha centrado en los atributos y las características que los profesores asocian (o atribuyen) a las condiciones particulares de incapacidad, con atención primordial al retraso mental, problemas de aprendizaje y perturbaciones emocionales. El método ha sido presentar a los profesores una serie de características y pedirles que elijan aquellas relacionadas con una incapacidad particular. Usando este método, los profesores creen que los retrasados mentales son débiles académicamente, incapaces de trabajar con abstracciones y de actuar en tareas memorísticas, y los caracteriza como dóciles, confiados y dependientes (Keogh, Tehir y Windermuth-Behn 1974; Moore y Fine 1978).

En contraste, los profesores ven a los niños que están perturbados emocionalmente como inmotivados para aprender, hostiles, descorteses, deshonestos, infelices, agresivos y muy necesitados de ayuda profesional (Carroll y Repucci 1978; Casey 1978). Los niños con problemas de aprendizaje aparecían como poseedores de características atribuidas tanto a los retrasados mentales como a los perturbados emocionales, y los profesores los describen frecuentemente como agresivos, belicosos, airados, hostiles, socialmente distantes, frustrados y débiles académicamente (Bryan y McGrady 1972; Moore y Fine 1978). Aparentemente, parece que los profesores sí tienen fuertes concepciones sobre las diferentes clases de niños especiales. Sin embargo, las creencias sobre una amplia variedad de otras condiciones, tales como los problemas de audición y la ceguera parcial, todavía no han sido investigados. Desafortunadamente, estas concepciones tienen connotaciones negativas para la mayoría. Como hay algunas investigaciones (Rist 1970; Rosenthal y Jacobson 1966) que indican que las expectativas, como se ha dicho anteriormente, tienen efecto en el aprendizaje y en el comportamiento del estudiante, las concepciones negativas que los profesores tienen de esos niños especiales pueden tener un efecto nocivo en su funcionamiento.

Componente afectivo

Mientras que el componente afectivo de la actitud se puede evaluar mediante medición directa de las respuestas fisiológicas, los estudios de investigación referentes a profesores se han valido de cuestionarios. En un paradigma de diferenciación semántica, Hughes, Kauffman y Wallace (1973) pidieron a algunos profesores que ordenaran seis etiquetas que se solían aplicar a los niños deficientes en las escuelas. Los profesores reaccionaron más favorablemente a los términos relacionados con incapacidades de aprendizaje e impedimentos escolares y más negativamente a las etiquetas relacionadas con perturbaciones emocionales y desequilibrios de conducta.

En una dimensión separada del diferencial semántico, Panda y Bartel (1972) hallaron que los niños normales y aventajados eran evaluados de manera significativamente más favorable que aquellos que presentaban alguna alteración o trastorno. Los profesores respondían más favorablemente a los niños ciegos y sordos que a aquellos que sufrían otros impedimentos. Mientras que los niños con problemas físicos, de lenguaje y los retrasados mentales evocaban menos sentimientos positivos en los profesores que los ciegos y sordos, generaban sin embargo más sentimientos positivos que los niños epilépticos, los privados culturalmente (desaventajados culturales), los jóvenes desajustados emocionalmente y los niños delincuentes.

Resultados similares se han obtenido de estudios que utilizaron el Inventario de Atributos Personales (Personal Attributes Inventory), instrumento diseñado para medir el afecto por la señalización de la cantidad de adjetivos negativos seleccionados como característicos del grupo objeto. Según este instrumento, los profesores reaccionaban significativamente de forma más favorable ante los impedidos físicos que ante los retrasados mentales educables o ante aquellos con incapacidades de aprendizaje (Parish, Eads, Reece y Piscitallo 1977).

En otro estudio que utilizó el mismo instrumento con un grupo compuesto por profesores, ayudantes y personal auxiliar, mostró evidencia de que esta población mantenía actitudes más positivas hacia los niños aventajados que hacia los niños normales, siendo los niños con retraso mental y los severamente impedidos los que evocaban unas actitudes menos positivas (Green, Kappes y Parish 1979).

Aunque en los resultados específicos de estos estudios hay diferencias debidas a las diversas técnicas, cantidad de condiciones de incapacidad estudiadas y etiquetas usadas, sí parece que los profesores tienen sentimientos más positivos hacia ciertas clases de niños especiales que hacia otras. Los niños perturbados emocionalmente y los retrasados mentales elicitan de manera consistente sentimientos negativos, mientras que los aventajados elicitan consistentemente sentimientos positivos.

Componente comportamental

El componente comportamental de las actitudes se ha investigado usando escalas de distancia social o listas de preferencias de conducta. El primer método presenta un continuum en el cual el sujeto indicaba qué tipo de relación estaría dispuesto a establecer con un individuo impedido en particular. Las relaciones sociales varían en grados de intimidad desde muy íntimas (me casaría con él/ella) a muy distantes (Lo/la echaría de mi país). Las listas de preferencias conductuales requieren que los profesores ordenen una lista de etiquetas o una serie de descripciones de niños impedidos de más a menos preferidos como alumnos. Las dos técnicas asumen que los interrogados se comportarán y reaccionarán de acuerdo con las intenciones manifestadas, descuidando con esto el rol que las normas sociales, las presiones, hábitos y/o las situaciones tienen en la modificación de las intenciones comportamentales.

Ha sido un hallazgo frecuente y consistente el que los profesores, de la misma manera que la población general, dicen que interactuarían estrechamente con determinadas clases de individuos, pero no con otras. Usando una escala de distancia social, Harasymiw, Horne y Lewis (1976) hallaron que su muestra de más de dos mil sujetos, incluyendo profesores, preferiría interactuar más estrechamente con individuos impedidos físicamente (diabéticos, lisiados), seguidos de personas con impedimentos sensoriales (sordos, ciegos), después con aquellos con problemas sociales (drogadictos, exconvictos). Resultados similares fueron obtenidos por Tringo (1970). De todos los sujetos impedidos, los que sufren trastornos físicos parecen ser preferidos a aquellos con alteraciones de carácter sensorial. Los individuos con incapacidades debidas a condiciones sociales fueron situados en la máxima distancia social, indicando que los profesores prefieren no relacionarse con estos sujetos. Esta categoría posterior parece incluir las condiciones psicológicas y sociales de Harasymiw, Horne y Lewis (1976).

En una escala de distancia social directamente aplicable a profesores, se pedía a éstos que indicaran dónde debía escolarizarse a diversos niños especiales. Las respuestas podían variar de una no integración en la escuela regular a una integración total. Morris y McCauley (1977) observaron que los profesores colocaban a los niños perturbados emocionales y a aquellos con incapacidades en el aprendizaje, en escuelas regulares con aulas de apoyo, mientras que situaban a los retrasados mentales en aulas de Educación Especial durante la mayor parte de la jornada escolar. Por tanto, esos profesores preferían instruir a los perturbados emocionalmente y a niños con incapacidades en el aprendizaje que a retrasados mentales.

Las categorías de niños impedidos que los profesores instruirían han sido investigadas también a través de las listas de etiquetas. En un estudio de Murphy, Dickstein y Dripps (1960), los profesores ordenaban categorías excepcionales en orden de preferencia para la enseñanza así: aventajados, perturbados emocionalmente, impedidos físicos, niños con problemas de lenguaje (todos incluídos), de aprendizaje lento, con problemas auditivos, con problemas de visión y delincuentes. Kvaraceus (1956) pidió a los profesores que ordenasen ocho características excepcionales en términos de preferencia para enseñar. De nuevo aquí, los superdotados, los perturbados emocionalmente y los impedidos físicos fueron clasificados en puestos altos y los niños con retraso mental, ceguera y sordera fueron clasificados en puestos bajos. Una preferencia similar en la ordenación fue obtenida también por Warrent, Turner y Brody (1967).

Por lo tanto, parece haber alguna consistencia entre tipos de incapacidad y la relación social que el profesor mantendría con una persona disminuida. Además, se han hallado relaciones consistentes entre los tipos de impedimento y la forma en que los profesores prefieren instruir al niño. Con el público general, Harasymiw, Horne y Lewis (1976) han sugerido que las deficiencias se clasifican de acuerdo con la ética del trabajo. Por lo tanto, es más probable que las personas ciegas o lisiadas que tienen, presumiblemente, una mayor capacidad para la productividad, sean capaces de establecer relaciones más estrechas con las personas normales que los retrasados mentales. Esta teoría parece también aplicable a la escuela.

Para los profesores, la productividad en la escuela o la capacidad del niño para rendir académicamente pueden ser variables claves para determinar si un profesor quiere o no a un niño deficiente en su clase. Estas condiciones que se sitúan en lo más bajo de las listas de los profesores incluyen aquellas condiciones en las que el aprendizaje se ve impedido (p.ej., el retraso mental) o aquellas otras en las que se requieren materiales o técnicas especializadas de enseñanza para que el niño progrese académicamente (p.ej., la ceguera).

Conclusiones generales

El grado de congruencia entre los componentes cognitivo, afectivo y comportamental de las actitudes del profesor hacia el deficiente es difícil de evaluar, especialmente dado que los investigadores han usado diferentes etiquetas y/o descripciones para elicitar reacciones.

Sin embargo, no parece haber mucha congruencia entre estos componentes. Por ejemplo, los niños con trastornos emocionales elicitaban sentimientos negativos y se les atribuían muchos adjetivos negativos pero eran preferidos a la hora de trabajar con ellos en la clase. De la misma manera, los ciegos y los sordos evocaban sentimientos positivos pero a la hora de trabajar con ellos no eran preferidos a otros niños especiales. Para clarificar esa relación es necesaria una investigación valorativa y comparativa de los tres componentes de las actitudes de los profesores hacia las condiciones de incapacidad más comunes.

Desafortunadamente, hay muy pocos trabajos de investigación que demuestren las formas precisas en que las actitudes del profesor hacia los deficientes se manifiestan en el comportamiento hacia esos niños. Sin embargo, la investigación sobre las interacciones entre los adultos deficientes y no deficientes indica que los no deficientes tratan de evitar o disminuir esas interacciones, se comportan de forma tensa y constreñida (p.ej., poco contacto visual, pocos movimientos corporales) y consideran al deficiente responsable de los errores cometidos mientras trabajaban juntos en alguna tarea (Farina y Rink 1965; Kleck, Ono y Hastorf 1966; Richardson, Hastorf, Goodman y Dornbusch 1961). Good y Brophy (1972) observaron que los profesores tendían a evitar las interacciones públicas con los estudiantes que preferían no tener en sus clases, alejándose de ellos o preguntando a otros estudiantes cuando no contestaban inmediatamente a las preguntas. Tomando como base estos hallazgos, es posible que las interacciones entre un profesor y un niño deficiente muestren rasgos similares, que conduzcan a tales efectos negativos en el niño como empobrecimiento del autoconcepto y las autoexpectativas, así coma reducción del rendimiento académico, efecto éste que bien pudiera más adelante impedir el funcionamiento adecuado del niño en la clase.

Características del profesor y actitudes

Una serie de estudios ha sido orientada a la cuestión de si hay relación entre ciertas características de los profesores y las actitudes hacia el deficiente. En general, se han investigado dos áreas: las características relacionadas directamente con la enseñanza, tales como nivel en el que imparten sus clases o conocimiento de los niños deficientes, y características relacionadas con el profesor individual, tales como la edad o la personalidad.

Esta sección intentará resumir las investigaciones relacionadas con estas características y señalar las implicaciones de los hallazgos para integrar niños deficientes en aulas de educación regular.

Nivel en el que imparten sus clases

La diferencia en las actitudes del profesor hacia el deficiente como función del nivel en el que se imparten las clases es un área que varios investigadores han estudiado. Se ha demostrado que los profesores de los primeros cursos de enseñanza básica mantienen unas actitudes más positivas que los profesores de cursos más avanzadas (Morris y McCauley 1977). En este estudio, los profesores de los primeros cursos tendían a situar a los niños deficientes en programas de instrucción más cercanos a la integración. Stephens y Braun (1980) también hallaron que los profesores que enseñaban hasta sexto curso estaban más dispuestos a integrar a los estudiantes deficientes que los de séptimo y octavo curso. Sin embargo, usando la Escala de Actitudes Hacia Personas Impedidas, Sigler y Lazar (1976) no hallaron relación entre el nivel en el que impartían sus clases los profesores y las opiniones acerca del deficiente.

Como las investigaciones de Sigler y Lazar (1976) se centraron a nivel de opiniones y los estudios de Morris y McCauley (1977) y Stephens y Braun (1980) se ocuparon de la intención de la conducta, es posible que los profesores de niveles diferentes tengan creencias semejantes sobre personas con deficiencias, pero que difieran en su deseo de enseñar a los disminuídos. Una explicación para esta diferencia es la orientación curricular de los profesores de enseñanza secundaria y el extenso número de estudiantes que ellos instruyen cada día, factores que pueden hacer la integración de los alumnos con diversas deficiencias en aulas regulares, donde resulta necesario cierto grado de individualización, mucho más difícil de lo que sería en el nivel de enseñanza elemental.

Otra posibilidad es que esta diferencia refleje lo inapropiado de integrar al niño con deficiencias severas en el funcionamiento cognitivo en cursos académicamente difíciles, cuando los estudiantes carecen de las habilidades cognitivas (es decir, Operaciones Formales de Piaget) necesarias para dominar la materia.

Conocimiento

Se ha prestado una atención considerable a la relación existente entre el conocimiento acerca de los niños con deficiencias y la actitud hacia ellos. Equiparando conocimiento a cursos de nivel universitario sobre Educación Especial, Jordan y Proctor (1969) hallaron que los profesores con gran experiencia en esa área estaban más dispuestos a enseñar a niños con deficiencias que aquellos que nunca habían asistido a tales cursos. Así mismo, Stephens y Braun (1980) se dieron cuenta de que en su muestra de más de novecientos profesores, el deseo de integrar a los niños deficientes en aulas regulares aumentaba a medida que aumentaba el número de cursos de Educación Especial recibidos. Además, Mandell y Strain (1978) hallaron que el trabajo en cursos de Educación Especial anteriores, o la participación en programas de servicio, aumentaba el deseo de enseñar a niños ligeramente impedidos. Examinando experimentalmente el efecto del conocimiento en las actitudes de futuros profesores, Johnson y Cartwright (1979) hallaron que la información obtenida en un curso sobre las características y condiciones de la población especial era tan efectivo para mejorar el componente comportamental de las actitudes hacia esos niños como una combinación de la información y la experiencia con ellos.

Se obtienen resultados similares cuando se usan medidas más subjetivas del conocimiento. Murphy, Dickstein y Dripps (1960) hallaron que los niños con problemas de audición se encontraban entre los grupos menos preferidos por el profesor regular para trabajar con ellos en el aula, ya que estos profesores reconocían saber poco sobre esta población. Además, Kvaraceus (1956) descubrió correlaciones significativas entre preferencias para trabajar con varias clases de niños afectados por diversas deficiencias y el conocimiento manifestado sobre esas condiciones. En la misma línea, Smart, Wilton y Keeling (1980) hallaron que los profesores que no hablaban de integración de los niños con retraso mental, pensaban que carecían del conocimiento necesario para enseñar a esos niños. Hay señales de que el conocimiento por parte del profesor de materiales y métodos de enseñanza adecuados para trabajar con alumnos deficientes también afecta a su grado de aceptación (Lovitt 1974), mediante el aumento de la confianza y autopercepción de la capacidad para enseñar a esos niños. Diversos estudios, así mismo, hallaron que la cantidad de apoyos, en forma de materiales, servicios y profesores de apoyo, dispuestos para trabajar con niños afectados por diversas deficiencias, también puede afectar al deseo del profesor de aceptar al niño en el aula (California Teachers' Association 1977; Mandel y Strain 1978; Perry 1980).

Aunque las campañas informativas no han tenido mucho éxito en la mejora de las actitudes del público en general hacia las personas deficientes (Yucker, Block y Young 1966), sí ocurre que los profesores que tienen más información sobre las condiciones y características de las deficiencias específicas están más dispuestos a enseñar a alumnos deficientes. Parece, entonces, que las administraciones educativas deberían tomar medidas para hacer que los profesores con menos conocimientos tengan la oportunidad de adquirir información sobre niños especiales mediante instrucción por medio de cursos de servicios intensivos o por cursos universitarios ofrecidos en los distintos distritos. Además, parece obligado que cuando un profesor de enseñanza regular tiene en su clase un niño afectado por alguna deficiencia, el psicólogo escolar debería asegurarse de que el profesor tenga la información exacta y apropiada sobre las condiciones de ese niño.

Contacto

Varios investigadores han estudiado las actitudes en función del contacto o experiencia con deficientes. Panda y Bartel (1972) examinaron profesores de niños deficientes, con experiencia y sin ella. Usando un diferencial semántico, los investigadores no encontraron diferencia significativa entre los dos grupos en cuanto a los componentes afectivos de las actitudes hacia los deficientes.

En cuanto a las opiniones, Conine (1969) no halló diferencias significativas en las puntuaciones de la Escala de Actitudes Hacia Personas Impedidas (Forma O) entre los profesores que afirmaron haber tenido algún contacto con personas deficientes y aquellos que afirmaron no haberlo tenido. En una línea similar, Combs y Harper (1967) sí hallaron una relación positiva entre las preferencias de los profesores para trabajar con sujetos afectados por distintas deficiencias. El estudio de Larrivee (1981) confirma la importancia de una experiencia y un contacto más amplios con niños especiales en relación con la adquisición de conocimientos y de habilidades especiales en la formación de actitudes más positivas.

Casey (1978) también encontró una relación significativa entre el contacto de los educadores con niños deficientes y la aceptación social percibida de los niños impedidos físicos y los perturbados emocionalmente. Sin embargo, no se encontró tal relación en el caso de la aceptación social de los retrasados mentales.

Shotel, Iano y McGettigan (1972) también demostraron que la

experiencia con niños deficientes puede conducir a actitudes negativas. Estos investigadores encontraron que después de un año de experiencia en la enseñanza de niños deficientes, los profesores de aulas regulares estaban menos dispuestos aceptar a estos niños en sus clases. Aunque la experiencia con deficientes parece tener una relación inconsistente con todos los componentes de las actitudes, tal conclusión puede ser errónea. En estos estudios se llevó un control insuficiente en lo tocante a la calidad del contacto. Es decir, que la cantidad del tiempo de contacto y las condiciones bajo las que ese contacto tuvo lugar no se tuvieron en cuenta en dichos estudios.

Aunque otra investigación (English 1977) ha señalado que el trato o la interacción positiva puede tener un impacto favorable en la actitud, podría ser que profesores que manifestaron actitudes positivas sean los que tienen un tipo de interacción o trato más favorable con el deficiente. Por el contrario, aquellos profesores que tenían actitudes más negativas podían haber estado implicados en interacciones que eran percibidas como desagradables.

El personal de apoyo o servicios especiales en general, y los psicólogos escolares en particular, deberían mantener un contacto continuo con estos profesores para proveerles la consulta y el apoyo necesarios (Larrivee 1981).

Diferencias en relación al sexo

El hecho de quiénes son más positivos hacia el deficiente, si los hombres o las mujeres, es una cuestión que también se ha tratado. Diversos especialistas indican que las mujeres tienen actitudes más positivas que los hombres hacia los niños deficientes. Por ejemplo, Conine (1969) halló que las profesoras puntuaban significativamente más alto en la Escala de Actitudes Hacia Personas Impedidas (EAHPI) que los profesores, lo que indica más opiniones positivas sobre el impedido. Sin embargo, Sigler y Lazar (1976) encontraron diferencias no significativas entre hombres y mujeres usando la Escala de Actitudes Hacia Individuos Deficientes (EAHID), una versión del EAHPI. Resultados contrarios aparecen con el componente comportamental. En una escala de distancia social, Tringo (1970) halló que las mujeres mostraban más interés que los hombres en trabajar con los deficientes. Por el contrario, Harasymiw y Horne (1975), usando también una escala de distancia social, no encontraron ninguna diferencia entre hombres y mujeres en su conducta potencial hacia sujetos con diversas deficiencias.

Por lo tanto, resulta prematuro asociar con las mujeres más opiniones positivas o un mayor deseo de interaccionar con deficientes y así asignar a los niños deficientes con más frecuencia a profesoras que a profesores. Cuando sí aparecen diferencias, como apunta Yucker, Block y Young (1966), se deberían atribuir a la influencia de otras variables, tales como la información y el contacto.

Edad del profesor

La edad del profesor también se ha investigado como variable decisiva en las actitudes hacia el deficiente. Usando la Escala de Actitudes Hacia las Personas Impedidas, Sigler y Lazar (1976) y Conine (1969) no pudieron demostrar una relación significativa entre la edad de los profesores y las opiniones sobre los deficientes. Además, los profesores de diferentes edades del estudio de Casey (1978) usaban similares adjetivos para describir a los deficientes. Mientras Harasymiw y Horne (1975) hallaron que los profesores más jóvenes estaban más dispuestos a interaccionar con los alumnos deficientes, Hughes, Kauffman y Wallace (1973) encontraron que los profesores de más edad tenían sentimientos más positivos.

Dados estos resultados contradictorios, la conclusión más prudente es que la edad por sí misma, no está relacionada con diferencias en las actitudes y que, de nuevo, las diferencias se deberían atribuir a otras variables. Por tanto, hay pocos motivos para considerar la edad del profesor como un factor aislado al situar a los niños deficientes en el proceso de integración.

Personalidad

Otros investigadores han estudiado la relación que existe entre variables de personalidad y actitudes hacia los deficientes. Siller (1963), utilizando estudiantes, concluyó que la aceptación del disminuido está basada en características de la personalidad tales como la fuerza del ego, seguridad y afiliación, mientras que el rechazo estaba relacionado con variables tales como la ansiedad, hostilidad y rigidez. De forma similar, Stephens y Braun (1980) hallaron que la confianza de los profesores en su capacidad para educar niños deficientes podía ser predictiva de su disposición a tener un niño deficiente en sus clases. Por otra parte, un rasgo generalizado de la personalidad tal como el ajuste social no se relacionaba con la aceptación del niño deficiente de los profesores en prácticas (Lazar, Orpet y Demos 1976). Ni el "Locus of Control" ni el grado de autoestima predecían las puntuaciones obtenides en el EAHID por 139 profesores de aulas regulares y de Educación Especial (Sigler y Lazar 1976). Como todavía no se han investigado extensamente las variables de personalidad y las actitudes con profesores, es difícil señalar conclusiones firmes. Sin embargo, parece que los niños deficientes serán recibidos más positivamente por aquellos profesores que confían en su capacidad pedagógica y creen que pueden manejarse con esos niños.

Resumiendo, entonces, hay una relación entre algunas características de los profesores y ciertos componentes de las actitudes hacia los niños deficientes. Primero, los profesores de los primeros cursos de Educación Básica están más dispuestos a enseñar a niños especiales que los profesores de los cursos más avanzados. Segundo, los profesores que tienen más conocimientos acerca de los niños deficientes están más dispuestos a integrar a estos niños en sus aulas.

Desafortunadamente, ninguna de las investigaciones en este área ha estudiado la relación entre las características del profesor y más de un componente de la actitud. Por ejemplo, varios estudios han encontrado una relación positiva entre conocimiento de los impedidos y el deseo de enseñar a esos niños. Sin embargo, la cuestión de si el conocimiento está también relacionado positivamente con las opiniones o los sentimientos hacia el deficiente permanece sin contestar. Consecuentemente, las investigaciones futuras deberían explorar la relación entre las características de los profesores y todos los componentes de la actitud hacia deficiencias específicas.

Conclusiones e implicaciones

Parece que los profesores, como el público en general, no tienen una actitud totalmente positiva hacia el deficiente. De hecho, aunque hay algunas diferencias entre variables, parece que, en general, los profesores tienen opiniones y sentimientos negativos hacia esos niños y al mismo tiempo tienden a ser algo reacios a mantener relaciones educativas con ellos. También se ve que el nivel en el que se imparten las clases, nivel de conocimiento y grado de autoconfianza son variables claves para determinar las actitudes de los profesores. Parece probable que los niños deficientes experimentan las actitudes más positivas en los primeros cursos cuando son atendidos por profesores que confían en su capacidad de enseñar y tienen conocimiento acerca de las condiciones del niño. Sin embargo, muchos de los estudios que intentan relacionar las actitudes de los profesores hacia la práctica de la integración con las variables relativas al profesor, tales como edad, sexo, nivel de enseñanza, años de experiencia y número de cursos de educación, revelan hallazgos inconsistentes (Harasymiw y Horne 1976; Mandell y Strain 1978).

Si, como parece, las actitudes de los profesores influyen en las actitudes de los niños a los que enseñan, deberían hacerse investigaciones sobre métodos para modificar actitudes. Desafortunadamente, los estudios existentes sobre el cambio de actitudes de los profesores son contradictorios y ofrecen poco en el campo de procedimientos rigurosamente examinados y replicados para cambiar las actitudes en esta área (Donaldson 1980). Haring, Stern y Cruickshank (1958, 13) sugirieron ''el uso de la instrucción de una u otra forma como un medio para modificar las actitudes.'' Es en esta línea en la que parece haber más posibilidades reales de acción efectiva para cambiar actitudes, como veremos más adelante en otra sección de este estudio.

La aparente ausencia de resultados concluyentes relativos a la definición de las variables principales relacionadas con las actitudes de los profesores hacia la integración puede ser explicada, al menos parcialmente, por las deficiencias metodológicas de los estudios llevados a cabo. Un asunto fundamental es el hecho de que la mayoría de los instrumentos usados para investigar actitudes carecían de las propiedades psicométricas de fiabilidad y validez. Las medias se habían desarrollado con un número mínimo de ítems sin la aplicación de ninguna construcción de escala formal (p.ej., Brooks y Bransford 1971; Shotel, Iano y McGettigan 1972). Los factores habían sido únicamente conceptualizados sin verificación por procedimientos de análisis factorial (p.ej., Deleo 1976; Vacc y Kirst 1977).

Además, existen serias amenazas a la generalización de los resultados, debido a la muestra inadecuada y al número insuficiente de sujetos. Diversos estudios identificados valoraron las actitudes de menos de cien profesores (p.ej., Brooks y Bransford 1971; Mandell y Strain 1978). En general, las muestras estudiadas representaban un único centro escolar, distrito o región.

Tampoco se ha controlado, en muchos casos, el sesgo de la respuesta debido a lo que es socialmente deseado. Se ha demostrado que cuando se miden las actitudes hacia estímulos socialmente potentes tales como las etiquetas que se dan a ciertas categorías de deficiencias, el sesgo en las respuestas debido a la deseabilidad social confunde los resultados (Reynolds y Greco 1980).

Se necesita desarrollar instrumentos que no sólo valoren los tres componentes de la actitud, sino que también se apliquen a una variedad de deficiencias. Además estos instrumentos necesitan tener una fiabilidad y validez adecuados. Dada la tendencia muy humana a tener deseos, opiniones e intenciones de conducta socialmente deseables, la validación de los futuros instrumentos aparece particularmente importante.

También debería dirigirse la atención a las formas en que los instrumentos valoran las actitudes. Algunos estudios pedían a los profesores que reaccionaran a una etiqueta, tal como "retrasado mental." Tal procedimiento pasa por alto la posibilidad de que muchos profesores tal vez no sepan lo que esa etiqueta significa o le atribuyan características diferentes, confundiendo por consiguiente los resultados. En una instancia posterior, es posible que los profesores reaccionen de forma distinta ante una misma categoría. Por ejemplo, algunos profesores pueden pensar que un niño retrasado mental es bastante inmaduro y mucho más lento académicamente que el resto de sus compañeros, mientras que otros profesores pueden creer que el mismo niño es totalmente indefenso e incapaz de hablar. Otros estudios emplean descripciones de un niño "especial" al que podría asignársele una etiqueta particular. Aunque se asegura que todos los profesores reaccionan ante un mismo estímulo, tal procedimiento descuida el hecho de que se pueden incluir muchos comportamientos y características distintas bajo esa etiqueta. En consecuencia, tal vez la generalización de los resultados sea limitada. Las investigaciones futuras deberían estudiar adecuadamente las similitudes y/o diferencias en las actitudes evocadas por etiquetas frente a las evocadas por descripciones.

Al explorar esta área, muchos investigadores han supuesto también que todos los niños que tienen una deficiencia particular son idénticos. Tal aseveración desmiente la naturaleza potencialmente interactiva de las características de los niños con las de sus profesores, y supone que el sexo del niño, su raza, status socioeconómico, nivel académico y severidad del afectado, no interaccionan con las características de los profesores para determinar las actitudes.

En conclusión, parece que las investigaciones recientes han proporcionado importante información. Entre otras cosas, estos estudios sugieren factores a tener en cuenta que pueden facilitar el proceso de la integración del niño deficiente a aquellos profesores encargados del mismo. Sin embargo, sería importante, en el diseño e interpretación de futuras investigaciones, considerar (más detalladamente que en anteriores ocasiones) aspectos tales como las características del profesor, del niño y los aspectos técnicos de la instrumentación.

CAPÍTULO 3
Análisis de actitudes del profesorado español

Del estudio de las investigaciones realizadas en los capítulos anteriores ha quedado claro la importancia de las actitudes del profesorado, dada su vital influencia en los procesos de integración.

Se pretende ahora analizar la situación de las actitudes del profesorado español ante la integración del deficiente. Parte de este análisis consistirá en identificar las relaciones existentes entre las actitudes del profesorado y ciertas variables seleccionadas (zona donde se encuentra la escuela, sexo, edad, años de experiencia, nivel de enseñanza impartida y cursos de especialización). Por otra parte se estudiará si existen diferencias significativas entre las actitudes del profesorado regular y del profesorado diplomado en Educación Especial. Al mismo tiempo, se pretende en esta investigación observar el efecto que las variables "tiempo y nivel de conocimientos del profesor" tienen en las actitudes de éste hacia la integración.

La escala de actitudes pedagógicas

La literatura especializada, incluídas recopilaciones de revisión de medidas, revela que en la mayoría de los casos los instrumentos empleados para medir las actitudes relacionadas con la integración han sido diseñados para actividades específicas sin relación con procedimientos de validación formal (Glicking y Theobald 1975; Moore y Fine 1978; Shotel, Iano y McGettigan 1972; Vacc y Kirst 1977; Wechsler, Suárez y McFadden 1975). En otros estudios, los instrumentos contenían ítems que no parecían reunir los criterios para afirmaciones actitudinales (Harasymiw y Horne 1976) o presentaban evidencias de validación que parecían insuficientes (Jordan y Proctor 1969).

Se ve la necesidad de utilizar un instrumento que mida las actitudes hacia la integración para que pueda establecerse una línea base de las actitudes actuales. Las características esenciales del instrumento deberían ser: fiabilidad y validez adecuadas, facilidad de aplicación y brevedad del tiempo requerido en contestar.

La medida de actitudes a usarse en este estudio, reuniendo esos requisitos arriba mencionados, es una versión de la Escala de Actitudes Pedagógicas (EAP) (Reynolds y Greco 1980), siendo sus principales diferencias: (1) el aumento del número de ítems, (2) la inclusión de preguntas adicionales para obtener datos demográficos y (3) la traducción de la escala al español. La escala se incluye en el Apéndice.

Análisis estadístico del EAP

Reynolds y Greco presentan un informe sobre el análisis estadístico del EAP en el que se encuentra un análisis del factor principal con dos factores de eigenvalues superiores a 1−0. Habiendo hecho una rotación preliminar utilizando una solución varimax (ortogonal) resultó que las dos subescalas estaban correlacionadas significativamente. Debido a la naturaleza correlacionada del factor se efectuó una rotación oblicua que dió como resultado dos factores interpretables. El primero, que consistía de siete ítems, fue interpretado como una dimensión de los Aspectos Administrativos de la Integración (AAI). El segundo factor, compuesto por nueve ítems, se identificó como una dimensión de los Aspectos Educativos de la Integración (AEI). En la tabla 1 aparece la fiabilidad de la consistencia interna del coeficiente alfa y los coeficientes de fiabilidad test-retest de la escala EAP total y de sus subescalas. La serie de ítems con correlaciones de escala totales y el error típico de medida (SEm) para cada subescala y para la EAP total, también aparecen en la tabla.

En relación con los aspectos de validez del EAP, Reynolds y Greco señalan que:

Como los ítems del EAP son congruentes con los aspectos actitudinales de la integración, reúnen al menos los mínimos criterios de validez del contenido.

Además el valor promedio de .52 por ítem a las correlaciones de la puntuación total, una medida de la validez del ítem (Hsu 1978), era de magnitud suficiente para apoyar la validez del contenido.

Consideraciones comparativas interculturales del EAP y su uso en España

El instrumento empleado en este estudio se estandarizó y validó en los Estados Unidos. Para asegurarse de que el instrumento podría ser utilizado objetivamente en España, el autor tuvo que tomar en cuenta algunas consideraciones comparativas interculturales.

Los problemas metodológicos cruciales de la comparación intercultural parecen ser aquellos relativos a la relevancia y la equivalencia.

En ambos países se asume que la educación y la integración son conceptos relevantes, especialmente ya que la población en el estudio no posee sectores analfabetos.

TABLA 1. Consistencia interna y coeficientes de fiabilidad de la EAP
[Escala de Actitudes Pedagógicas]

Escala	Consistencia Interna[a]	Test-Retest[b]	Lista de Items con las Correlaciones de la Escala[c]	SEm
AAI	.83	.70	.49–.67	2.11
AEI	.86	.80	.45–.70	2.55
Total EAP	.90	.85	.38–.72	3.42

Fuente: Reynolds y Greco 1980.
[a]coeficiente alfa
[b]con un intervalo de dos a tres semanas
[c]Para las subescalas, las correlaciones son para el ítem con la subescala total. Las correlaciones se corrigen por redundancia de ítems.

El problema principal en los estudios interculturales es cómo obtener estímulos-input comparables, aspecto que puede subdividirse en problemas de traducción y de disponibilidad de términos y conceptos equivalentes (Jacobson, Kumata y Gullahorn 1960). Este problema podría ser resuelto si nos aseguramos de que la traducción de la escala original al idioma del país donde ésta va a ser administrada (español) es traducida de nuevo a la lengua de la escala original (inglés) por distintos lingüistas expertos en ambas lenguas y si luego comparamos los resultados de esa nueva traducción con los del original.

El problema de la equivalencia-input de los conceptos en estudios interculturales parecería ser un aspecto del problema general del sesgo de las preguntas. Suchman (1950) ha indagado sobre el uso de las medidas de la intensidad del sentimiento (desde "muy de acuerdo" a "muy en desacuerdo") con el que las personas mantienen sus actitudes u opiniones como forma de superar las diferencias debidas a posibles matices en la formulación de la pregunta.

Una actitud no es directamente observable sino que se infiere del modelo característico de reacción del individuo a un ítem-estímulo. Este modelo característico de reacción se revela a través de varios grados de aceptación o preferencia por el ítem-estímulo en cuestión (Sherif y Hovland 1961).

El Instituto Israelí de Investigación Social Aplicada, usando esa aproximación al estudio del sesgo de las preguntas ha comentado que en Israel algunas veces tienen que hacer un mismo estudio en doce lenguas distintas y que por tanto es esencial tener una técnica que no dependa de la formulación de la pregunta (Gutman 1954).

Con tal de que la escala actitudinal responda a estos factores—relevancia, equivalencia y respeto a los contenidos—su uso parece estar justificado.

Kreider (1967) llevó a cabo un estudio sobre las actitudes hacia la educación y hacia las personas deficientes, en Bélgica, Dinamarca, Inglaterra, Francia, Países Bajos y Yugoslavia, y encontró justificable el uso de las mismas escalas en todos esos países: la EAHPI, la escala pedagógica y la escala de valor interpersonal, todas ellas construidas, estandarizadas y validadas en los Estados Unidos.

Gottlieb (1972) realizó un estudio bicultural de actitudes y comportamiento hacia retrasados mentales en Noruega y en los Estados Unidos.

Green (1983), de la Universidad Victoria de Wellington, Nueva Zelanda, llevaron a cabo un estudio de las actitudes hacia la integración en ese país. Aunque no se construyó ningún instrumento de medición para usar en Nueva Zelanda, se halló que era válido también para ella un instrumento denominado Escala de Actitudes Hacia la Integración (EAHI) (Berryman y Berryman 1981), que había sido diseñado en los Estados Unidos para evaluar las actitudes de los profesores hacia individuos integrados con diferentes deficiencias. Una muestra intervalidada, similar a la muestra utilizada, daba lugar a resultados que señalaban que la escala era un instrumento fiable. Green (1983), así mismo, aportó evidencia de validación comparativa intercultural sobre la estructura factorial, fiabilidad y correlatos de la escala para muestras de los profesores de Nueva Zelanda.

Jordan (1968) llevó a cabo un estudio de las actitudes hacia la educación de las personas con impedimentos físicos en once naciones tan distintas como Perú, Yugoslavia, Japón y Costa Rica. En este estudio comparativo intercultural se usó sistemáticamente en todos los países la misma escala de actitudes estandarizada y validada en los Estados Unidos similar a la escala de actitudes hacia la educación de Kerlinger o la escala de actitudes de Yusquer. Sobre este estudio comparativo entre naciones y entre culturas, Levis Gutman, director científico del Instituto Israelí de Investigación Social Aplicada de Jerusalén, ponderó muy positivamente el uso de una sola escala en el estudio de Jordan (Gutman 1954).

El presente estudio no ha pretendido comparar aspectos psicológicos entre dos o más culturas. Si hubiera sido así no nos habríamos olvidado de la premisa implícita en la que se basaría esa supuesta comparación, esto es, que cualquier proceso psicológico dado, está de alguna forma entramado en la cultura.

La intención de este estudio es otra. Intenta proporcionar un análisis descriptivo de las percepciones, expectativas y actitudes de los profesores hacia la integración del deficiente. Después de un detallado estudio de la bibliografía referente al tema y de las implicaciones psicométricas de análisis estadístico, nos ha parecido justificable el uso de la Escala de Actitudes Pedagógicas (EAP).

Por otra parte, dada la vinculación de los factores socioeconómicos con el retraso mental en general, y la provisión de fondos hacia la integración en particular, la semejanza de los sistemas socioeconómicos entre España y los Estados Unidos, parece garantizar el uso de esta escala.

Métodos y procedimientos

Este estudio relativo a la actitud de los profesores en España hacia la integración se realizó con la colaboración de la Subdirección General de Educación Especial del Ministerio Español de Educación y Ciencia que administró las escalas a los sujetos.

Las regiones de Castilla y León, Extremadura, Asturias, La Mancha, Aragón y Andulucía (que forman hoy distintas Comunidades Autónomas) fueron elegidas como población a estudiar, y de estas regiones se seleccionaron 250 escuelas públicas. Se eligieron esas regiones porque representan todas las áreas geográficas del país que estaban bajo jurisdicción del Ministerio de Educación Español.

Muestra

Usando un ordenador, se utilizó un generador de números al azar para seleccionar una serie de escuelas de cada región, de acuerdo con el siguiente criterio: las escuelas seleccionadas debían tener Preescolar y tenían que representar áreas rurales, urbanas y suburbanas en una proporción similar. Se seleccionaron 1210 profesores para el estudio. De ellos, 164 eran profesores diplomados en Educación Especial. Seiscientos sententa y tres respondieron a 3000 cuestionarios enviados por la Subdirección General de Educación Especial y 649 respondieron a un grupo de ocho investigadores que, guiados por el autor, fueron a las escuelas recogiendo los datos en las diferentes zonas: urbana, suburbana y rural. Un total de 1312 profesores respondieron al cuestionario. De estos, 80 fueron excluídos del estudio porque bien no contestaron a más de dos ítems del cuestionario, o bien porque habían omitido algunos datos demográficos. Treinta y dos escalas llegaron tarde y no pudieron ser sometidas a análisis. Diez más fueron recogidas de los profesores elegidos al azar por discutir el contenido en España.

Instrumento

Como se ha mencionado anteriormente la escala de actitudes usada en este estudio, la cual reúne los requisitos de adecuada fiabilidad y validez, facilidad de administración y brevedad de tiempo requerido para ser completada, es un versión revisada de la "Educational Attitude Survey" (Reynolds y Greco 1980). Con el fin de justificar los posibles fallos culturales de su validez, el contenido de los ítems de la escala fue examinado por cinco profesores universitarios, versados en el campo de la Psicología Educativa, quienes lo evaluaron conforme a los siguientes criterios: importancia del contenido para el aspecto de las actitudes hacia la integración e importancia del contenido en relación con la validez cultural.

Además, se seleccionaron al azar diez profesores regulares que asistieran a dos sesiones con un profesor de una universidad española con el fin de evaluar sus reacciones ante el contenido de los ítems.

A ambos grupos se les preguntó sobre la validez de la escala. Se tomaron en consideración sus sugerencias y como resultado, se añadieron nuevos ítems a la escala original. Estos ítems corresponden a los ítems número 17, 18 y 19 de la escala original que se encuentra en el Apéndice. Dos cuestiones más reflejan las sugerencias hechas por los profesores de la universidad española. Además, se realizó una nueva prueba de fiabilidad de la versión española del EAP. Las puntuaciones proporcionadas por este nuevo procedimiento estadístico indicaron una fiabilidad de alfa = .9019.

La propiedad psicométrica básica de la fiabilidad fue examinada por la traducción española de la "Educational Attitude Scale" (Escala de Actitudes Pedagógicas, EAP), utilizada en este estudio como una medida para valorar las actitudes de los profesores hacia la integración en España.

En la tabla 2 se hallan presentes la fiabilidad del coeficiente alfa de consistencia interna, las subescalas de la escala original y la escala traducida al español.

Los datos de 1210 profesores españoles mostraron que el EAP es una medida altamente fiable. Se calcularon coeficientes similares en la escala original, como se muestra en la tabla 2.

El resultado de este análisis demuestra que el EAP es un instrumento útil para medir las actitudes de los profesores hacia la integración.

El estudio contiene una escala de cinco puntos. A los encuestados se les pidió que rodearan con un círculo el indicador que mejor reflejaba sus sentimientos ante cada afirmación. Los valores se asignaron en base a si cada afirmación era positiva o negativa. Cuanto más elevada era la puntuación más lo era la actitud.

Procedimientos

Se hizo un paquete para cada una de la escuelas españolas seleccionadas para este estudio. En él había un sobre para el director y cartas para cada uno de los profesores, los cuestionarios de actitudes y los sobres de vuelta. El sobre para el director o supervisor explicaba el estudio que se estaba llevando a cabo. La carta solicitaba que el director repartiera a los profesores: un cuestionario de actitudes, una carta de explicación y un sobre con sello con el nombre y la dirección a la que debían enviarlo. La Subdirección General de Educación Especial se encargó de distribuir las cartas y de administrar la escala. Por último, los datos fueron recogidos personalmente por el

TABLA 2. Consistencia interna para la EAP original y para las escalas traducidas al español

	Escala Original[a]	Escala Española[a]
AAI	.83	.8574
AEI	.86	.82602
Total EAP	.90	.9019

[a]coeficiente alfa

autor y enviados a la Universidad de California, Los Angeles (UCLA), para el análisis.

Análisis de datos

Se analizaron todos los datos recogidos en este estudio con procedimientos descriptivos, correlacionales y de análisis diferencial. También se emplearon correlación producto persona-momento, t-tests y análisis de varianza.

Se utilizaron programas de frecuencia. Estos programas han sido usados para recopilar las distribuciones de frecuencia para cada ítem. Se comprobó que el registro de los datos de frecuencia era un paso útil en la selección de variables adicionales para el análisis y en el aumento del "tacto" clínico para los datos.

Utilizando el Paquete Estadístico del Programa de las Ciencias Sociales (SPSS), se puede incluir en un análisis una gran cantidad de datos. Es posible hacer análisis separados para el grupo total y para cualquier número de subgrupos específicos o divisiones de los datos. Se puede usar un número de estadísticas para cada grupo específico (tales como el total de hombres, mujeres). Las que se han usado para cada parte en este programa de investigación son: medias y desviaciones estándar para cada variable, y la matriz de correlaciones simples entre todas las variables.

Se usaron los t-tests para analizar el efecto que el haber recibido cursos de Educación Especial tenía sobre las actitudes hacia la integración, para investigar diferencias entre profesores de Educación Especial y profesores de clases regulares y también para ver si había diferencias significativas entre los sexos y entre los diferentes niveles de enseñanza (primaria y secundaria).

Se calculó un análisis unilateral de varianza para analizar los datos obtenidos acerca de la localización de la escuela y las actitudes hacia el proceso de integración, edad, años de experiencia docente y especialización.

Se utilizó la ji-cuadrado para analizar el efecto del tiempo y el conocimiento en determinar una actitud menos que positiva hacia la integración.

Se calcularon los coeficientes de correlación entre las dos dimensiones de la escala (AEI and AAI).

Presentación de los resultados

Con el fin de probar si hay diferencias actitudinales hacia la integración entre profesores rurales, urbanos y suburbanos con respecto a las características subgrupales de edad, sexo, campo de enseñanza, curso o grado, años de experiencia y cursos de Educación Especial recibidos, se realizaron un serie de análisis.

Primero se calculó un coeficiente de correlación entre las dos dimensiones de la escala. Las subescalas de AAI y AEI mostraron un coeficiente de correlación de .7236 tal y como se muestra en la tabla 3.

Se realizó un análisis unilateral de varianza para probar la diferencia significativa entre (*a*) cada una de las subescalas (AAI y AEI), (*b*) la escala total y (*c*) cada una de las variables seleccionadas (p.ej., zona en que está situada la escuela, edad, años de experiencia y especialización).

Se verificaron los resultados usando una prueba de significación para todos los análisis unilaterales de varianza con tres o más niveles, los cuales demostraron un efecto significativo para determinar qué medidas eran diferentes estadísticamente y qué medidas eran estadísticamente iguales. Todos los tests de significación fueron realizados utilizando el .01 por ciento y el .05 por ciento de nivel de confianza.

Para determinar si el número de cursos de Educación Especial seguidos por el profesorado afectaba la actitud de estos hacia la integración se realiza con análisis t-test. También se uso este análisis

TABLA 3. Coeficiente de correlación de Pearson

	AEI
AAI	.7236 (1210) $p = .0001$

para observar si ser profesor o profesora influía en las actitudes. Por último, el análisis t-test también sirvió para ver si había diferencias significativas entre las actitudes de los profesores de Educación Especial y los profesores regulares.

Se calculó ji-cuadrado para analizar el efecto del factor tiempo y el conocimiento en determinar una actitud menos que positiva hacia la integración.

Para preparar los datos para el análisis, se obtuvieron los siguientes:

1. El área se clasificó en (1) urbana, (2) suburbana, (3) rural.
2. Se agrupó a los sujetos por sexo: (1) hombres, (2) mujeres.
3. Los grupos de edad se conjuntaron en cuatro niveles: el nivel 1 incluía a aquellos que tenían hasta 25 años, el nivel 2 incluía a profesores entre 25 y 35, el nivel 3 era para profesores entre 35 y 45 años y el nivel 4 para aquellos mayores de 45 años.
4. Los años de experiencia se agruparon en cuatro niveles: el nivel 1 incluía a aquellos con 1 año de experiencia, el nivel 2, a aquellos entre 2 y 5 años, el nivel 3 a aquellos con 6 a 10 años de experiencia y el nivel 4 a aquellos con más de 10 años de experiencia.
5. El nivel escolar se agruparon en dos niveles: el nivel 1 incluía desde Preescolar hasta el 4º curso, y el nivel 2 incluía los cursos del 5º al 8º.
6. Se distinguió entre aquellos que habían seguido cursos de Educación Especial y los que no.
7. El nivel de especialización se agrupó en cinco niveles: el nivel 1 consistía en profesores graduados en Letras, el nivel 2 consistía de profesores titulados en Ciencias, el nivel 3, Idiomas, 4 titulados en Preescolar y el nivel 5 en Educación Especial.
8. Los profesores fueron clasificados en (1) Educación Especial y (2) profesores regulares.

El número de respuestas, medias y desviaciones estándar para la muestra total clasificada por las ocho variables arriba mencionadas, se hallan detalladas en la tabla 4.

Como se puede ver en la figura 1, los profesores que eran:

1. de áreas suburbanas,
2. menores de 35 años,
3. con entre 1 y 5 años de experiencia profesional,
4. que enseñaban cursos elementales, y
5. que habían seguido cursos de Educación Especial,

poseían la actitud positiva más alta hacia la enseñanza de los estudiantes disminuídos en el aula normal.

El ser profesor o profesora parece no afectar las actitudes indicadas hacia la enseñanza de estudiantes deficientes en la clase normal.

También, los profesores de aula normal de primaria (que incluye a los profesores de Preescolar a 4º) muestran tener una actitud positiva un poco más alta (media = 47.99) que los profesores de los cursos que van del 5º al 8º (media = 46.48).

Con el fin de verificar si algunas de estas diferencias son estadísticamente significativas, se presentarán análisis de varianza, t-tests y ji-cuadrado para las siguientes variables: área, sexo, edad, años de experiencia, nivel escolar, cursos de Educación Especial recibidos y especialidad. Una discusión de los hallazgos acompañará al análisis de los datos.

Area

El análisis de las variables relacionadas con la ubicación de la escuela sobre la variables dependientes de AEI conllevó un efecto no significativo, $F(2,1048) = 2.492$, $p > .05$ (ver tabla 5). La ubicación tuvo un efecto significativo en la variable dependiente de AAI, según el análisis de ANOVA, $F(2,1048) = 6.698$, $p = .01$ (ver tabla 5).

El análisis de varianza relativo a la ubicación de la escuela (variable independiente con tres niveles) sobre la variables dependientes escogidas de la escala total de las puntuaciones de las actitudes

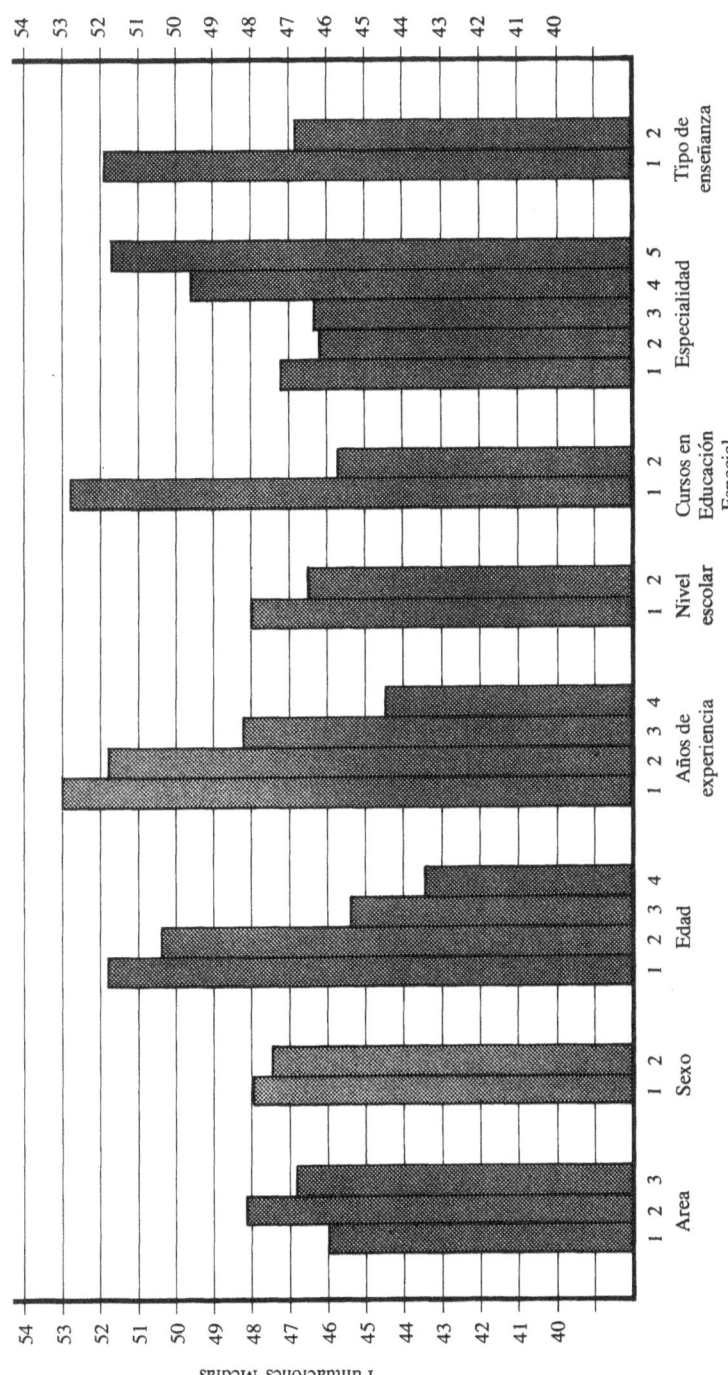

Fig. 1. Comparación de las puntuaciones medias de las actitudes expresadas por los respondientes del EAP, para el total de la muestra, clasificada por variables (ver tabla 4)

TABLA 4. Descripción estadística de la población

Variable	N	AAI	SD	AEI	SD	Total EAP	SD
Area							
1. Urbana	372	19.91	(11.65)	26.09	(6.70)	46.00	(15.41)
2. Suburbana	501	20.97	(6.76)	27.15	(7.23)	48.11	(13.04)
3. Rural	178	20.24	(4.97)	26.57	(6.72)	46.81	(10.89)
Sexo							
1. Hombre	406	20.73	(6.26)	27.24	(6.82)	47.98	(12.13)
2. Mujer	801	20.50	(6.53)	26.93	(7.41)	47.43	(12.95)
Edad							
1. <25	134	22.79	(5.44)	29.04	(7.01)	51.83	(11.45)
2. 25–35	462	21.94	(10.82)	28.45	(6.75)	50.39	(14.89)
3. 35–45	399	19.51	(16.21)	25.69	(12.10)	45.20	(27.70)
4. 45+	213	18.27	(6.32)	25.22	(7.41)	43.49	(12.59)
Años de experiencia							
1. <1	81	22.75	(5.08)	30.23	(6.66)	52.98	(10.84)
2. 2–5	195	22.85	(14.83)	29.02	(6.54)	51.87	(17.74)
3. 6–10	287	21.77	(5.99)	26.30	(6.17)	48.07	(11.16)
4. 10+	644	19.09	(13.41)	25.48	(10.74)	44.57	(23.36)
Nivel escolar							
1. P–4	886	20.72	(6.67)	27.27	(7.44)	47.99	(13.16)
2. 5–8	324	20.13	(5.78)	26.34	(6.51)	46.48	(11.23)
Cursos en Educación Especial							
1. Sí	312	23.18	(6.54)	29.69	(7.18)	52.87	(12.79)
2. No	895	19.68	(6.14)	26.11	(7.02)	45.79	(12.15)
Especialidad							
1. C. H.	413	20.39	(6.46)	26.75	(7.16)	47.14	(12.82)
2. Ciencias	323	19.96	(6.03)	26.17	(6.76)	46.13	(11.69)
3. Idiomas	188	19.88	(5.78)	26.39	(6.73)	46.27	(11.37)
4. Preescolar	121	21.36	(6.33)	28.22	(7.14)	49.58	(12.52)
5. Educación Especial	163	22.41	(7.56)	29.34	(8.21)	51.75	(14.69)
Tipo de Enseñanza							
1. Educación Especial	164	22.44	(7.508)	29.43	(8.17)	51.87	(14.59)
2. Regular	1044	20.24	(6.199)	26.63	(6.98)	46.87	(12.21)

TABLA 5. Análisis de varianza de acuerdo con el área

Area	gl	MC	F	Significación
AAI	2,1048	255.736	6.698	.01
AEI	2,1048	120.951	2.492	.08
Total EAP	2,1048	727.875	4.906	.008

existentes marcó un efecto significativo, F (2,1048) = 4.906, $p < .01$ (ver tabla 5).

El test de comparación múltiple de Scheffé y Tukey-HSD mostró una diferencia significativa al nivel del .05 entre las puntuaciones medias de los niveles 2 y 1 (escuelas suburbanas y escuelas urbanas respectivamente).

Se determinó que las puntuaciones medias entre los niveles 1 y 3 (urbano y rural respectivamente) y 3 y 2 (rural y suburbano respectivamente) fueron estadísticamente iguales.

Este resultado ha de ser especificado porque el análisis de varianza de la ubicación de la escuela en la subescala de la puntuación de AEI marcó un efecto no significativo, F (2,1048) = 2.492, $p < .083$. La razón por la que la variable independiente tiene efecto en la escala total ha de entenderse como una compensación del efecto de esta variable en AAI. El análisis unilateral de la varianza en esta puntuación de la subescala marcó un efecto significativo, F (2,1048) = 6.698, $p = .01$ (ver tabla 5). Así pues, parece haber una relación entre la ubicación de la escuela y las actitudes presentadas por los profesores. Esto es debido a la significación de la dimensión administrativa en las actitudes de estos profesores hacia la integración.

Los dos factores interpretados que indican la medida de AEI y AAI son congruentes con la noción de que la integración está orientada tanto al proceso como al producto (Reynolds y Greco 1980). En otras palabras, puesto que difieren tan marcadamente en este aspecto de la integración (dimensión administrativa o de proceso), la diferencia entre los grupos resulta ser significativa.

En conclusión los profesores de ubicaciones suburbanas muestran significativamente mejores actitudes hacia la integración que los profesores urbanos o rurales (ver fig. 2).

Sexo

El hecho de que hubiese o no una diferencia significativa entre sexos en las actitudes de los profesores, fue examinado mediante t-test. El resultado del t-test se ofrece en la tabla 6.

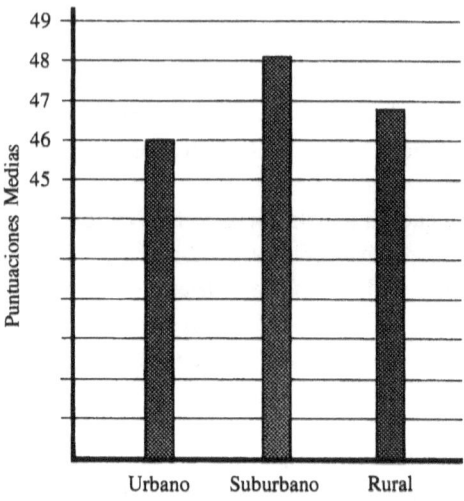

Fig. 2. Comparación de puntuaciones medias de acuerdo con área

La diferencia en las puntuaciones medias de los grupos según el sexo, en cualquiera de las subescalas y en la escala total, marcó unos valores tan pequeños que no se puede establecer que haya diferencias significativas en las actitudes de los profesores de clase regular.

Parece no existir una diferencia significativa entre mujeres y hombres en cuanto a las actitudes hacia la integración (ver fig. 3).

TABLA 6. Análisis del t-test de acuerdo con el sexo

Sexo	N	Medias	DT	Valor de t	Probabilidad
AAI					
Hombre	406	20.7389	6.260	.59	.552
Mujer	801	20.5056	6.531		
AEI					
Hombre	406	27.2463	6.825	.72	.474
Mujer	801	26.9313	7.412		
Total EAP					
Hombre	406	47.9852	12.137	.71	.478
Mujer	801	47.4370	12.954		

Análisis de actitudes del profesorado español

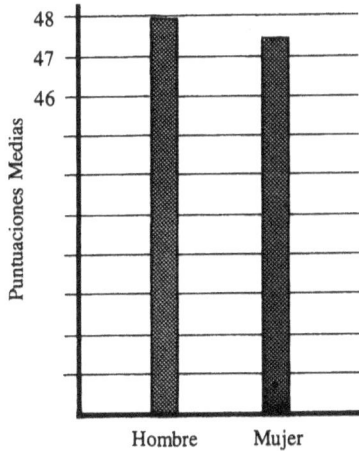

Fig. 3. Comparación de puntuaciones medias de acuerdo con el sexo

Edad

El análisis unilateral de la varianza pertinente a la edad de los profesores (variable independiente con cuatro niveles) marcó en la variables dependiente de la actitud indicada un efecto significativo, $F(3,1204) = 26.219$, $p < .01$ (ver tabla 7).

El test de comparación múltiple de Scheffé y Tukey-HSD marcó una diferencia significativa al nivel del .05, entre las puntuaciones medias de los grupos 2 y 4, 2 y 3, 1 y 4, y 1 y 3.

Las puntuaciones medias entre los grupos 3 y 4 determinaron ser estadísticamente iguales (el grupo 1 engloba a los profesores menores de 25 años, el grupo 2 incluye a aquellos entre 25 y 35 años, el

TABLA 7. Análisis de varianza de acuerdo con la edad

Edad	gl	MC	F	Significación
AAI	3,1204	1035.213	26.577	.000
AEI	3,1204	962.213	19.323	.000
Total EAP	3,1204	3965.683	26.219	.000

grupo 3 incluye a profesores entre 35 y 45 años de edad y el grupo 4 incluye profesores mayores de 45 años de edad).

La figura 4 es una representación gráfica de las puntuaciones medias de los cuatro niveles de edades de los profesores. Como se puede observar en la fig. 4, las puntuaciónes medias son más altas para los profesores menores de 35 años que para las profesores más viejos.

El gráfico muestra que cuanto más joven es el profesor, más favorable es su actitud (ver fig. 4).

Años de experiencia

El análisis unilateral de la varianza de los años de experiencia (variable independiente con cuatro niveles) marcó en la variable depen-

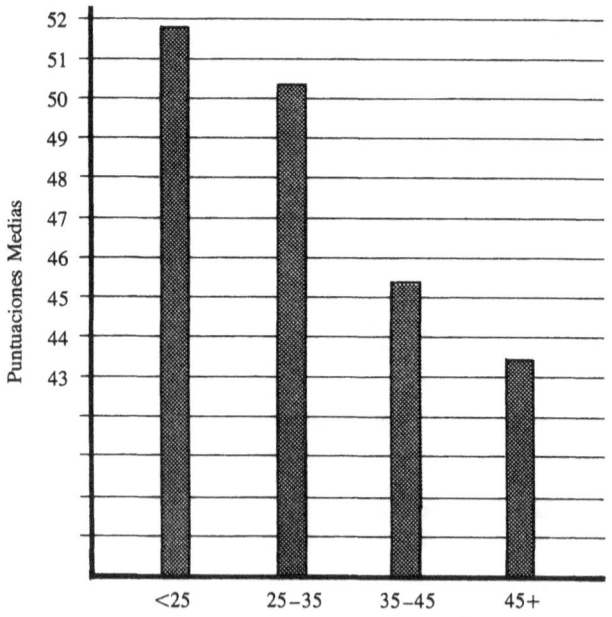

Fig. 4. Comparación de puntuaciones medias de acuerdo con edad

diente de la puntuación de las actitudes existentes un efecto significativo, F (3,1203) = 30.135, $p < .01$ (ver tabla 8).

El test de comparación múltiple de Scheffé y Tukey-HSD, señaló una diferencia significativa al nivel de .05 entre las principales puntuaciones de los grupos 3 y 4, 2 y 4, y 1 y 4. Las puntuaciones medias entre los grupos 1 y 2, 2 y 3, y 3 y 1 se determinaron como estadísticamente iguales. El grupo 1 abarca a los profesores con 1 año o menos de experiencia, el grupo 2 incluye a los profesores con 2 a 5 años de experiencia, el grupo 3 a los profesores con 6 a 10 años de práctica y el grupo 4, a los profesores con más de 10 años de labor docente.

La figura 5 es una representación gráfica de la puntuación media de los cuatro grupos de profesores según la cantidad de años de experiencia, desde 1 año o menos hasta más de 10 años.

Como se puede ver en la figura 5, los profesores con menos de 5 años de experiencia, muestran las mejores actitudes hacia la integración. Significativamente, los profesores con una experiencia de 6 a 10 años muestran puntuaciones más bajas y aquellos con más de 10 años, las más bajas.

Nivel escolar

Para examinar el efecto que tiene el curso de enseñanza actual sobre las actitudes establecidas por los profesores de aulas normales, se recalcará que esta variable se dividió en dos grupos: (1) profesores que enseñan desde Preescolar hasta el 4º curso, y (2) profesores del 5º a 8º curso. Se realizó un análisis t-test sobre el efecto del curso y

TABLA 8. Análisis de varianza de acuerdo con años de experiencia

Años de Experiencia	gc	MC	F	Significación
AAI	3,1203	1074.642	27.637	.000
AEI	3,1203	1202.67	24.430	.000
Total EAP	3,1203	4519.28	30.135	.000

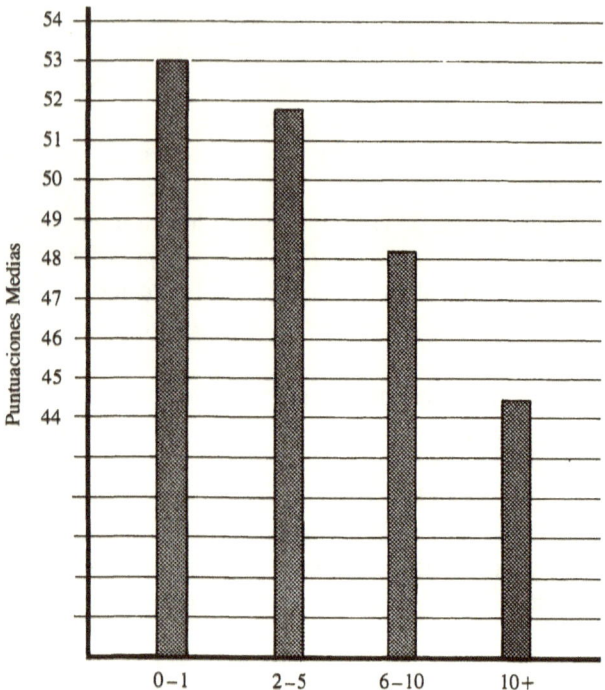

Fig. 5. Comparación de puntuaciones medias de acuerdo con años de experiencia

de la variable dependiente de las actitudes indicadas. El resultado del t-test se refleja en la tabla 9.

La diferencia de las puntuaciones medias de los dos grupos sobre el total de la escala y el AAI de las actitudes manifestadas fue tan pequeña que los valores de t no fueron significativos. Sin embargo, como se puede ver en la tabla 9, para el AEI fue significativo a $p < .05$ ($p = .048$). Estadísticamente hay una diferencia significativa entre los dos grupos en el AEI.

Aquellos que enseñan los cursos desde Preescolar hasta 4º curso demuestran significativamente mejor actitud hacia la integración que aquellos que enseñan en los cursos 5º a 8º (ver fig. 6).

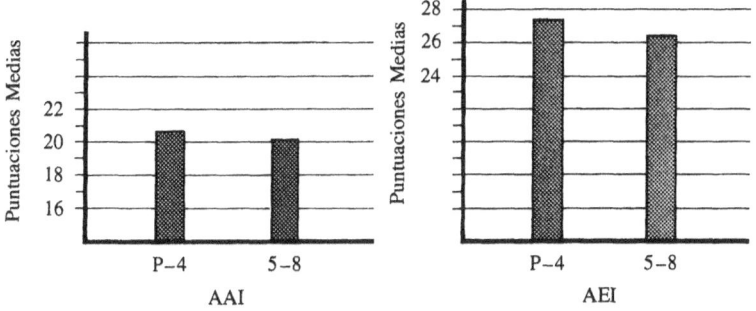

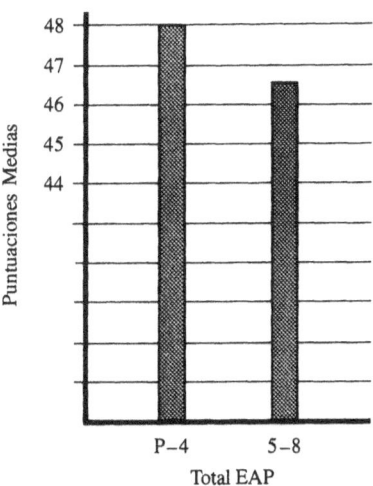

Fig. 6. Comparación de puntuaciones medias de acuerdo con nivel escolar

TABLA 9. Análisis del t-test de acuerdo con nivel escolar

Nivel Escolar	N	Medias	DT	Valor de t	Probabilidad
AAI					
P–4	886	20.72	6.67	1.40	.162
5–8	324	20.13	5.78		
AEI					
P–4	886	27.27	7.44	1.98	.048
5–8	324	26.34	6.51		
Total EAP					
P–4	886	47.99	13.160	1.84	.06
5–8	324	46.48	11.235		

Cursos en Educación Especial

Se examinó, a través del análisis t-test, si el haber tomado cursos de Educación Especial influía en las actitudes manifestadas por los profesores. El resultado del t-test se ofrece en la tabla 10.

Los valores de t (AAI = 8.52; AEI = 7.74; Total EAP = 8.77) fueron significativos a $p < .01$, por lo tanto parece existir una diferencia significativa entre los dos grupos: (1) aquellos que recibieron por lo menos un curso (sí) y (2) aquellos que nunca recibieron un curso de Educación Especial (no).

Se halló que los profesores que asistieron por lo menos a un curso

TABLA 10. Análisis del t-test de acuerdo con cursos en Educación Especial

Cursos en Educación Especial	N	Medias	DT	Valor de t	Probabilidad
AAI					
Sí	312	23.18	6.54	8.52	.000
No	895	19.68	6.14		
AEI					
Sí	312	29.69	7.78	7.74	.000
No	895	26.11	7.00		
Total EAP					
Sí	312	52.87	12.70	8.77	.000
No	895	45.79	12.154		

de Educación Especial tenían significativamente mejores actitudes hacia la integración de los niños deficientes que aquellos profesores que no habían tomado ningún curso (ver fig. 7).

Especialidad

El análisis unilateral de varianza para la especialidad de los profesores de aulas normales (variable independiente con cinco niveles) mostró un efecto significativo sobre la variable dependiente de la puntuación de la actitud manifestada, $F(4,1203) = 6.97$, $p < .01$ (ver tabla 11).

El test de comparación múltiple de Duncan mostró una diferencia

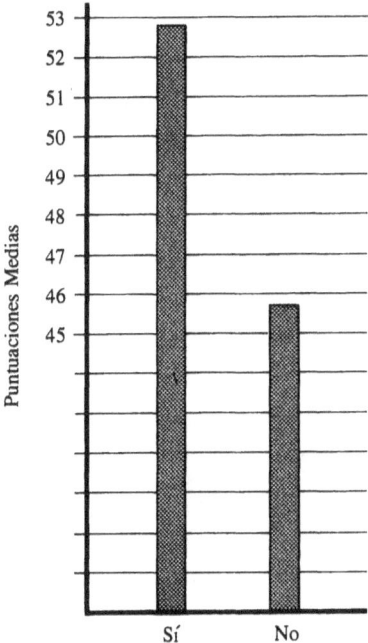

Fig. 7. Comparación de puntuaciones medias de acuerdo con cursos en Educación Especial

TABLA 11. Análisis de varianza de acuerdo con especialidad

Especialidad	gc	MC	F	Significación
AAI	4,1204	212.55	5.18	.00
AEI	4,1203	348.08	6.82	.00
Total EAP	4,1203	1101.00	6.97	.00

significativa, al nivel del .05, entre las puntuaciones medias de los niveles 4 y 2, 4 y 3, 4 y 1, 5 y 2, 5 y 3, y 5 y 1.

Las puntuaciones medias entre los niveles 1 y 2, 1 y 3, y 2 y 3 se determinaron como estadísticamente iguales. El nivel 1 representa a los profesores especializados en Letras, el nivel 2, Ciencias, el 3,

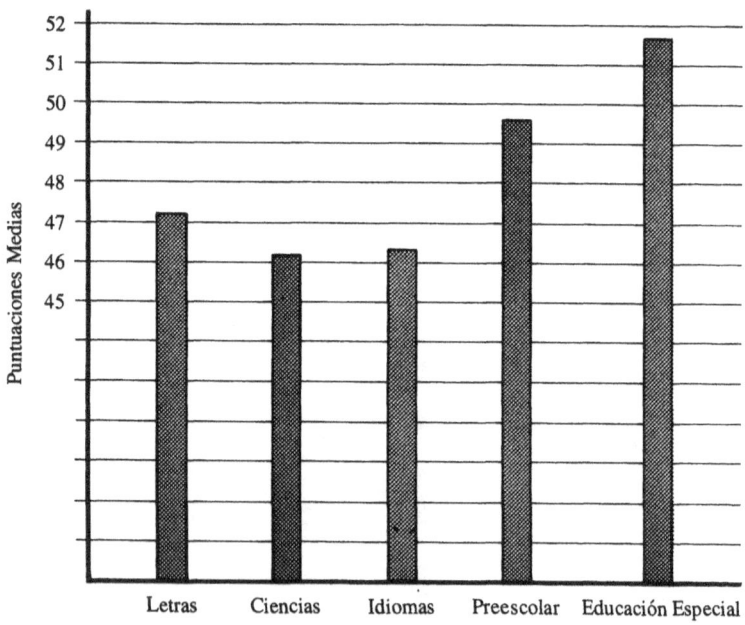

Fig. 8. Comparación de puntuaciones medias de acuerdo con especialidad

Idiomas, el 4, profesores de Preescolar y el nivel 5, profesores titulados en Educación Especial.

La figura 8 es una representación gráfica de las puntuaciones medias de los cinco grupos de profesores según la especialidad. *Como se puede observar en la figura 8, los profesores que se especializaron en Educación Especial mostraron las actitudes más positivas, seguidos por los profesores titulados en Preescolar.* Significativamente los profesores especializados en Letras, Ciencias e Idiomas, muestran puntuaciones más bajas (ver fig. 8).

Diferencias observadas entre profesores regulares y profesores de Educación Especial

También estaba dentro del ámbito de este estudio el comparar las actitudes de los profesores de las aulas regulares y las de los profesores titulados en Educación Especial. El resultado del t-test se ofrece en la tabla 12.

Los tres valores de t (AAI = 4.09; AEI = 4.66; Total EAP = 4.74) fueron significativos a $p < .01$.

Hay diferencia significativa entre los dos grupos: (1) profesores de Educación Especial y (2) profesores de aulas normales.

Se encontró que los profesores de Educación Especial tenían,

TABLA 12. Análisis del t-test de acuerdo con el tipo de enseñanza

Tipo de Enseñanza	N	Medias	DT	Valor de t	Probabilidad
AAI					
Educación Especial	164	22.44	7.50	4.09	.000
Regular	1044	20.24	6.19		
AEI					
Educación Especial	164	29.43	8.17	4.66	.000
Regular	1044	26.63	6.98		
Total EAP					
Educación Especial	164	51.87	14.59	4.74	.000
Regular	1044	46.87	12.21		

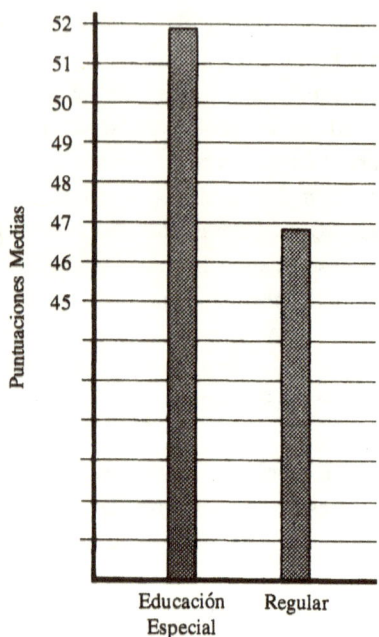

Fig. 9. Comparación de puntuaciones medias de acuerdo con tipo de enseñanza

significativamente, una actitud más positiva hacia el concepto de integración que los profesores regulares (ver fig. 9).

Ítems adicionales

Además de la puntuación original, el autor incluyó tres ítems más (17, 18, 19) en este estudio. Sin embargo, el análisis estadístico de la escala mostró un grado de fiabilidad muy bajo (alfa = −.199) y no había ninguna consistencia entre las variables y el análisis de estos tres ítems. Por eso, se decidió no incluir el análisis de estos tres ítems, ya que no arrojaban ninguna luz al tema en estudio.

Siguiendo las sugerencias de profesores de Psicología Educativa, se incluyeron en el estudio dos preguntas de Sí/No para investigar si, de la muestra total de profesores de aulas regulares, aquellos con una actitud de aceptación baja hacia la integración percibían que la cantidad de tiempo necesaria para el proceso de la integración y la falta de conocimientos en materia de Educación Especial eran variables importantes que jugaban un papel en sus actitudes negativas. Los datos presentados en esta sección se basan en las respuestas a estas dos preguntas: ítem 20, efecto de la variable "tiempo del profesor" requerido en el proceso de la integración; ítem 21, efecto del "conocimiento sobre las condiciones y características de la población integrada" (ver el Apéndice).

Ya que el propósito de estos dos ítems era investigar las razones por las cuales existía un nivel bajo de actitudes positivas hacia la integración, el autor creyó necesario establecer una puntuación de criterios que indicara actitudes negativas hacia el programa de integración. Una puntuación de menos de 40 significaría una actitud negativa por parte del profesor. Con el fin de puntuar 40 o por debajo, los encuestados tenían que indicar puntos de vista menos que positivos en el 35 por ciento (seis) de los ítems.

El número total de sujetos que respondieron al ítem 20 fue de 1203 de los 1210. Un total de 7 personas (0.005 por ciento) no respondieron a este ítem. De los 1203 que respondieron, 353 (29.3 por ciento) puntuaron por debajo de 40. El 25 por ciento de éstos sostenían que cambiaría su actitud (hacia una más positiva) si no fuera necesario dedicar tanto tiempo a la integración del niño deficiente.

Mil doscientos cinco profesores respondieron al ítem 21. Cinco (0.004 por ciento) no respondieron a este ítem. De los 1205 profesores que respondieron, 353 (29.3 por ciento) no alcanzaron la puntuación criterio. De éstos, 163 (46.2 por ciento) percibían su falta de conocimientos como un obstáculo en el logro de mejores ac-

TABLA 13. Análisis por ji-cuadrado del ítem 20, importancia del factor tiempo en el proceso de integración

	Negativa	Positiva
Sí	23.5	29.2
No	76.5	70.8

TABLA 14. Análisis por ji-cuadrado del ítem 21, importancia del conocimiento de las características y condiciones del niño impedido

	Negativa	Positiva
Sí	46.2	62.2
No	53.8	37.8

titudes. Estos profesores sostenían que su actitud cambiaría (a una más positiva) si recibieran más instrucción sobre las condiciones y características de los niños deficientes (ver tablas 13 y 14).

De los profesores con una actitud general negativa hacia la integración, el porcentaje más alto (46.2 por ciento comparado con 23.5 por ciento) aparentemente pensaba que el recibir instrucción sobre condiciones y características de los niños deficientes les ayudaría a lograr una mejor actitud hacia la integración.

Resumen de la investigación

Este estudio se llevó a cabo con el propósito de investigar las actitudes del profesor hacia el movimiento actual de la educación de niños deficientes en aulas regulares y para analizar variables seleccionadas que pudieran afectar a estas actitudes. Se pretende que este estudio sirva como base para la planificación de cursos de estudio en los programas de educación del profesorado, así como de referencia en los programas de desarrollo para las agencias de educación en países que contemplan la integración como una alternativa en la educación de la población infantil especial.

Este estudio ha dirigido su atención hacia las actitudes de los profesores, porque investigaciones previas han indicado que el éxito o fracaso de la integración depende de las opiniones y expectativas del profesor responsable de la educación de los alumnos deficientes que acuden a sus clases (Haring 1956; Jones et al. 1978; Larrivee 1981; Yap 1977).

Los objetivos de este estudio han sido:

1. Evaluar las presentes actitudes del profesorado (hasta 8º de Educación General Basica, EGB) hacia la educación de los alumnos deficientes en sus aulas (normalización).
2. Identificar cualquier relación que pueda existir entre las actitudes de los profesores hacia la educación de niños disminuídos en sus clases y algunas variables: (a) la localización de la escuela, (b) sexo, (c) edad, (d) los años de experiencia, (e) el curso que enseñan, (f) la especialidad del profesorado y (g) si habían recibido o no cursos de Educación Especial.
3. Analizar posibles diferencias importantes en las actitudes entre profesores regulares y de Educación Especial a la hora de proporcionar instrucción en clases regulares al niño deficiente (integración).
4. Medir el efecto de las variables ''tiempo requerido al profesor para la integración'' y ''nivel de conocimiento del deficiente en las actitudes manifestadas por éste hacia la integración.''
5. Evaluar un instrumento y determinar su fiabilidad para medir las actitudes de los profesores hacia la integración del niño deficiente.

Resultados

1. Hay una relación significativa entre la situación de la escuela y las actitudes de los profesores. Los profesores de la periferia parecen aceptar mejor el concepto de normalización que aquellos de la cuidad o del medio rural. Los profesores de la ciudad fueron los más reacios. $F(2,1048) = 4.906, p < .01$.
2. El análisis de las puntuaciones del t-test no indicaba una diferencia significativa según el sexo.
3. El análisis de las puntuaciones indicaba una diferencia significativa entre los que respondieron, según los grupos de edades. $F(3,1204) = 26.219, p > .01$.
4. El análisis de las puntuaciones no mostraba unas diferencias significativas en la escala total entre los profesores de primaria y secundaria. Diferencias significativas se encontraron en la

dimensión de los Aspectos Educacionales de la Integración ($t = 1.98$, $p < .05$).

5. El análisis de las puntuaciones indicaba una diferencia significativa entre los profesores que habían asistido a un curso de Educación Especial y los que no habían realizado ninguno ($t = 8.77$, $p < .01$). Los profesores con antecedentes en Educación Especial mostraban actitudes más positivas que aquellos sin curso alguno en Educación Especial.
6. El análisis de varianza indicaba una diferencia significativa entre las especializaciones de los profesores, $F(4,1203) = 6.97$, $p < .01$. Los profesores titulados en Educación Especial y Preescolar mostraban actitudes más positivas que los de Letras, Ciencias e Idiomas. Las dos últimas eran las especialidades más negativas.
7. El análisis de las puntuaciones del t-test indicaba una diferencia significativa entre los profesores de Educación Especial y los de clases regulares ($t = 4.74$, $p < .01$).
8. El análisis ji-cuadrado mostró que un número significativo de profesores pensaba que cambiarían sus ideas sobre la integración (en una dirección positiva) si se les instruía sobre las condiciones y características del niño deficiente.

Con base en los resultados del estudio, se pueden formular varias conclusiones. En primer lugar, los grupos de profesores de más edad poseen actitudes negativas hacia la integración. Esto reafirma el descubrimiento de Harasymiw y Horne (1976), aunque las investigaciones de Hughes, Kauffman y Wallace (1973) presentan resultados contradictorios. Por lo tanto, la conclusión más prudente es que la edad parece estar relacionada con las diferencias en actitudes, pero quizás estas diferencias deberían ser atribuídas simultáneamente a otras variables. La edad juega un papel importante pero sería ilógico considerarla como un factor único y aislado cuando se trata de actitudes hacia la integración del deficiente. Lo que parece más razonable deducir de los datos obtenidos por este estudio es que, en efecto, los grupos jóvenes de profesores tienden a ser más receptivos en cuanto a la integración que los grupos de más edad. Esa mayor receptividad, sin embargo, no es explicada exclusivamente por la variable edad. Como veremos más adelante este estudio sugiere otras variables intervinientes que afectan la actitud del profesorado.

El tema de discusión de los siguientes párrafos será el de examinar que otras variables explican estas diferencias. Las actitudes de los profesores parecen estar afectadas significativamente por: los años de experiencia, especialidad del profesorado y cursos de Educación Especial atendidos (Haring, Stern y Cruickshank 1958). Mientras que la cantidad de tiempo que hay que dedicar para la integración del deficiente a la enseñanza regular aparece directamente relacionada con actitudes negativas, lo contrario es cierto con respecto al nivel de conocimientos sobre Educación Especial. Los profesores regulares que tuvieron cursos de Educación Especial, mostraron actitudes positivas significativamente más altas. De los profesores que mostraban actitudes menos positivas, un porcentaje significativo se daba cuenta de su falta de preparación sobre las condiciones y características del deficiente y pensaba que podrían cambiar sus actitudes si se les proporcionara una mejor formación al respecto.

Se halló que el conocimiento previo en materia de Educación Especial, juega un papel importante en el cambio de actitudes en una dirección positiva. Probablemente ésto se refiera a que el conocimiento por parte del profesor, de aspectos de Educación Especial, influye en su nivel de aceptación de la integración, ya que hace aumentar su seguridad y autoconcepto profesional para trabajar con este tipo de niños. Los profesores que han seguido cursos de preparación y perfeccionamiento en materias de Educación Especial se sienten más capaces y con más confianza a la hora de trabajar con la población de Educación Especial.

A tenor de los resultados de este estudio parece evidente que los profesores que tienen más información sobre las condiciones del deficiente están más dispuestos a enseñar a estos niños.

Si tenemos en cuenta los resultados de esta investigación, los estamentos públicos deberían tomar iniciativas para que los profesores con menos conocimiento tuvieran oportunidad de adquirir información sobre materias de Educación Especial, mediante el seguimiento de cursos apropiados que enriquezcan el nivel de formación profesional al tiempo que incrementan la seguridad y confianza necesaria para trabajar con este tipo de población infantil. Más aún, es imprescindible que cuando un profesor de educación regular cuenta con un niño deficiente en la clase, el equipo multiprofesional se asegure de que el profesor recibe una información y asesoramiento exacto y detallado sobre las características del niño, sus condiciones óptimas de aprendizaje y sus logros.

Aunque no existían diferencias significativas entre los niveles escolares en la escala total, los datos del estudio nos proporcionan la evidencia de que los profesores de los cursos iniciales muestran mejores actitudes que los de cursos más avanzados en la subescala de la dimensión de los Aspectos Educacionales de la Integración. Esto está relacionado a la noción de integración orientada al producto más que al proceso. Los profesores de cursos iniciales tienden a ser más optimistas. Estos parecen considerar la integración como una posibilidad de aumentar la adaptación social y personal y/o los logros académicos, y por lo tanto, muestran actitudes más positivas que los profesores de cursos superiores. Una explicación de esta diferencia es la mayor orientación de estos profesores hacia el contenido del curriculum y el mayor número de alumnos que tienen que tratar al día. Estos factores (especialización del curriculum y número de alumnos por aula) dificultan la integración de alumnos deficientes a la clase regular en los niveles altos (6º, 7º y 8º) donde una cierta individualización puede ser necesaria.

La organización de las escuelas y de las clases puede ser un factor a considerar en relación con estas conclusiones. Los profesores de los cursos de Preescolar e iniciales de la EGB son responsables de un menor número de alumnos. Así mismo éstos pasan fundamentalmente todo el día con los mismos alumnos mientras que en cursos superiores los profesores enseñan una clase diferente cada hora.

En definitiva, esta diferencia de actitudes en función del curso refleja lo inapropiado de integrar niños con severas deficiencias cognitivas en cursos académicamente difíciles, cuando los alumnos carecen de la habilidad cognitiva precisa (es decir, Operaciones Formales de Piaget) para asimilar el material de clase.

Por otra parte este estudio ha demostrado que hay base para predecir una relación significativa entre la actitud de los profesores y la ubicación de la escuela en la que ejercen. Los profesores de escuelas suburbanas están más a favor de la idea de la integración que aquellos del medio rural o urbano. En España ocurre con frecuencia que en las áreas periféricas de las grandes ciudades, se localizan los sectores socioeconómicos más bajos de la sociedad, y en donde, además se da una mayor proporción de niños deficientes. Estos profesores de zonas suburbanas tienen más contacto con la población infantil afectada y están más favorablemente dispuestos a su integración. De nuevo, el conocimiento (contacto cotidiano con el problema) aparece como una variable predictible de actitudes positivas. Esto corrobora el estudio de Larrivee (1981), el cual sostiene que en la formación de actitudes más positivas, cobra importancia el aumento de experiencias y el contacto con los niños especiales en conexión con la obtención de conocimientos y la adquisición de una habilidad específica.

Implicaciones y recomendaciones

Las implicaciones principales de este estudio sugieren la necesidad de desarrollar un modelo de programa para la formación del profesorado en España, tanto de los profesores que están trabajando (reciclaje), como de los que no han comenzado todavía a trabajar. Los resultados del estudio indican que solamente el 27 por ciento de los profesores han recibido algún curso de Educación Especial. Los datos nos indican también que los educadores con este tipo de experiencia en Educación Especial son más positivos con respecto al concepto de la integración del deficiente.

En España no es necesario para los profesores de aulas regulares el asistir, si trabajan, a cursos formativos sobre la educación del deficiente. El Ministerio de Educación y en particular todos los organismos oficiales responsables debieran considerar como algo esencial, el educar y sensibilizar a los profesores regulares sobre los educandos menos capacitados. Si los profesores son sensibles a la madurez y a las necesidades del deficiente, estarán mejor preparados para atender a la población especial que va a ser integrada.

La necesidad urgente de una plantilla preparada para la educación de niños deficientes dirige su atención hacia el requisito de formular un programa de reciclaje, el cual se puede implantar de una forma rápida y realista. Un programa de reciclaje tiene ventajas importantes. Una de ellas es el hecho de que ese tipo de preparación posibilita un respuesta immediata a las necesidades existentes.

Para incrementar las actitudes favorables hacia la integración del deficiente, se sugiere que el programa cuente con lo siguiente:

1. Proporcionar conocimientos sobre las condiciones de las diversas deficiencias que afectan el desarrollo educativo de los alumnos.
2. Determinar el potencial y las limitaciones del estudiante en el aprendizaje.
3. Sacar las consecuencias y la importancia de la integración del deficiente en la dinámica de la sociedad.
4. Comprender los problemas que se pueden presentar en la familia del deficiente.
5. Determinar las habilidades relacionadas con el trabajo en cada uno de los deficientes.

En el siguiente capítulo se desarrollarán, más a fondo, estas ideas referentes a los cursos de reciclaje.

De acuerdo con los resultados de este estudio, otra implicación podría ser la necesidad de unos programas de "prácticas" para el profesorado. Los cursos de Educación Especial debieran constituir una parte más importante en los curricula de estos programas.

También se recomienda que los cursos traten sobre temas relacionadas con la psicología, la identificación del disminuido y su valoración, la tutoría y curriculum del deficiente y el manejo de técnicas de conducta.

CAPÍTULO 4
Estrategias para el cambio de actitudes

No es suficiente proponer que todos los niños deficientes se beneficirían con la integración y que, por lo tanto, todos debieran ser integrados. El asunto es más complicado que todo eso. El aula regular sin algún tipo de modificación y sin ayudas adicionales no es la alternativa más deseable para muchos de los niños que ahora están siendo atendidos en Educación Especial. Se deben planificar e implementar programas para estos niños y, con frecuencia, vamos a necesitar sesiones de apoyo continuado en áreas específicas. Además, las actitudes del profesorado deben ser tenidas en cuenta, porque es precisamente en las actitudes, voluntad, deseo y capacidad del profesorado que se fundamenta el éxito de la integración.

Lo que la integración supone de cara al sistema escolar es algo más que un simple cambio administrativo en la forma de atender al niño disminuído. La integración significa un cambio en la forma de pensar sobre la filosofía educativa y sobre la realidad práctica de esas filosofías educativas.

Sería erróneo suponer que los profesores van a desarrollar inmediatamente nuevas formas de enfrentarse al problema y nuevas soluciones a todas las dificultades. La naturaleza del cambio educativo es un proceso complicado que requiere el compromiso de muchos individuos en la planificación de un proceso que posibilite el éxito de la integración. Para que ese éxito sea una realidad es imprescindible que se den una serie de condiciones.

La primera y principal es que la planificación sea hecha por aquellos a los que ésta va a afectar, es decir, los profesores de las escuelas individuales donde los niños disminuídos vayan a ser integrados, y no que sea impuesta por decreto por parte de la administración. El resultado de este planteamiento es que enfatiza y encauza la atención del profesorado en la tarea de la integración y en lo que necesitan para trabajar eficazmente en esa tarea. Los temas referentes a la integración, son lo suficientemente complejos como para que se requiera la energía de todos los profesores afectados y sea orientada hacia la consecución de una integración positiva. La sensación de "estar juntos en la misma tarea" incita al compromiso del profesorado hacia una participación activa. Por otra parte, ese compromiso de participación, se ve favorecido si se es consciente de la falta de conocimientos y preparación sobre integración por parte del profesorado, a la vez que la administración hace un esfuerzo en su empeño por superar esas lagunas de conocimientos.

Tal y como sugieren Paul, Turnbull y Cruickshank (1980), los profesores tienen una serie de responsabilidades comunes de cara a la integración:

1. una base de conocimiento,
2. respeto a las diferencias,
3. necesidad de compartir información, y
4. capacidad de responder a distintos problemas.

A tenor de los resultados de la investigación realizada con 1200 profesores, el conocimiento que éstos tienen sobre las características y condiciones del niño especial, es determinante en el tipo de actitudes que mantienen hacia el proceso de integración del deficiente. Como se puede observar en la tabla 10 y la figura 7 y tabla 11 y figura 8 del análisis de los resultados, los profesores que habían asistido, por lo menos a un curso de Educación Especial, presentaban significativamente mejores actitudes ante la integración de individuos disminuídos, que aquellos profesores que carecían de la suficiente información sobre el mundo de la deficiencia.

Necesidad de proveer información

El principal factor a considerar si queremos un proceso de integración racional y con posibilidades de éxito, es la información que el profesorado tiene sobre el concepto de integración. Muchos de los profesores que se ven afectados por la integración no han tenido la mínima experiencia con estos sujetos y no entienden la naturaleza de las distintas deficiencias que estos niños presentan, ni sus necesidades educativas, sociales y vocacionales.

Es prioritario ofrecer a estos profesores información actualizada sobre las distintas manifestaciones del niño disminuído, sus características, necesidades y condiciones. Esta campaña de información debe ser hecha a través de cursos de reciclaje o de cursos que precedan a la entrada laboral. La experiencia de programas de integración en otros países, nos indica que muchos de los fracasos de sistemas escolares que pretendían la integración del disminuído se debe a falta de información y conocimiento sobre las peculiaridades del mundo infantil tradicionalmente objeto de Educación Especial.

Cursos de Reciclaje

Esta campaña de información se puede hacer mediante cursos de reciclaje para los profesores que presenten de manera inmediata la necesidad de trabajar en programas de integración, y a través de cursos que formen parte integrante de los curricula de las escuelas universitarias de formación del profesorado y de las facultades de pedagogía y psicología, así como de los distintos institutos de ciencias de la educación. Además, se sugiere que, unido a la utilización de métodos regulares de enseñanza, se cuente en cada centro donde vaya a haber un niño integrado, de una biblioteca en la que se ofrezca información sobre temas de integración, Educación Especial y su legislación, incluyendo vídeos, películas, y una guía que contenga información sobre diversos especialistas a los que se pueda acudir para consulta.

Puede ser también muy beneficioso visitar centros donde se estén llevando a cabo, por personal preparado, programas de integración con resultados positivos. En definitiva, de lo que se trata, por un medio o por otro, es de influir en el profesor a nivel de actitudes, expectativas y credibilidad. Para ésto es imprescindible establecer un buen fundamento de información y conocimiento de la realidad del deficiente. El profesor que carece de la información necesaria sobre el mundo del disminuído, que no conoce sus peculiaridades ni técnicas de reeducación apropiadas, se sentirá más que reticente a la hora de aceptar un niño más—y distinto—en su clase, ya demasiado saturada de problemas. Esa falta de conocimientos disminuye su apreciación personal con respecto a su capacidad de enseñar a estos niños y, por tanto, afecta a su autoestima como profesional, la cual provoca inseguridad. El profesor inseguro ve en el niño integrado una posibilidad de fracaso personal y de riesgo que prefiere no correr. De esta forma se explica su falta de disposición a trabajar con este tipo de población infantil.

Paul, Turnbull y Cruickshank (1980) ven en la adquisición de conocimientos por parte del profesor la vía de formación de actitudes, actitudes que, por otra parte, determinan el tipo de conducta del profesor. Conocer las necesidades de la población infantil afectada por algún tipo de deficiencia y del proceso de integración, conduce a la formación de actitudes positivas hacia esta población, actitudes que reflejan la filosofía de que el disminuído tiene derecho a las mismas oportunidades de desarrollo que el no disminuído.

Es imposible poner demasiado énfasis en la importancia de las actitudes del profesor. Una integración con pretensiones de éxito depende del grado del valor inherente que se da a sujetos que son diferentes. Es imprescindible estar convencidos de que el niño con retraso mental merece las mismas oportunidades educativas de desarrollo que otro niño cuyo rendimiento escolar es mayor, aunque sepamos que la contribución social de aquel puede ser menor que la de éste. Este convencimiento supone un tipo de actitud que, por desgracia, es, aun hoy, un dilema para muchos profesores.

Se debe tender a la formación de actitudes caracterizados por el respeto a la diferencia por parte del profesorado. Para fomentar este tipo de actitudes lo primero y principal es establecer, en la línea de lo que venimos diciendo, una buena base de información y conocimiento. El conocimiento lleva a la comprensión, y ésta al respeto. Aunque esta secuencia puede parecer simple y, en ocasiones, se puedan presentar contradicciones, me parece, sin embargo, una buena regla general. El respeto por las diferencias surge como parte de un proceso y no ocurre aislado ni sale de un estado de ignorancia. No se puede desarrollar un respeto por las diferencias si, previamente, no se ha estado expuesto a ellas.

Formación del profesorado y actitudes

Los alumnos aprenden rápidamente cuando son valorados por los demás, y no cuando son pasados por alto. De esta forma, el tipo de acción que los profesores tienen con ellos afecta fuertemente su autoestima, adaptación social e incluso la motivación escolar. El profesorado puede ayudar a la población infantil a que se integra mediante el reconocimiento de tanto lo positivo como lo negativo de cada uno de los niños y mediante la interacción positiva con ellos como niños y no como tipos de problemas clasificados en retraso mental, grado de sordera o tipologías de parálisis cerebral.

En la sección de análisis de los resultados de la investigación, puede verse, por la contestación de los profesores a los ítems adicionales de la escala (tablas 13 y 14), que de aquellos profesores que presentaban un nivel negativo de actitudes (es decir, que no alcanzaron la puntuación criterio), un amplio porcentaje sostenía que cambiaría su actitud (a una más positiva) si recibieran más instrucción sobre las condiciones y características de los niños disminuídos (ver tablas 13 y 14).

Muchos de los profesores que se están encargando de la integración en España, con los que este autor ha tenido oportunidad de hablar, afirman tener poca o ninguna información sobre el niño deficiente y aseveran ser capaces de hacer un trabajo mucho mejor si se les diera una buena orientación. Desafortunadamente, ese tipo de información orientativa no forma parte integrante de los programas universitarios de las escuelas universitarias de formación del profesorado de Educación General Básica. Por eso, de la misma manera que es importante que toda la plantilla de los centros que se van a dedicar a integrar a niños disminuídos, se comprometan en la participación y toma de decisiones referente al inicio de la integración, es igualmente importante que todos los miembros de la plantilla participen como iguales en los mismos programas de reciclaje. Es en este tipo de experiencia educativa donde, probablemente, va a descansar el futuro de los programas de integración.

Estos programas de reciclaje debieran ser vistos como parte fundamental de los programas de integración escolar, y no como un simple complemento que deba realizarse tras una jornada densa y saturada de trabajo. Los cursos de reciclaje debieran ser realizados durante el día escolar. Los administradores y planificadores escolares que defienden la integración y apuestan por su éxito deben estudiar fórmulas para coordinar estos cursos asegurándose de que todos los miembros del sistema escolar reciben preparación.

Paul, Turnbull y Cruickshank (1980) sugieren como posibilidad el que la mitad de la plantilla del centro se haga cargo de las aulas de la otra mitad, mientras ésta asiste a las sesiones de reciclaje. Ese programa podría ser repetido al día siguiente de forma que la otra mitad no se lo perdiera. Otra posibilidad sería el empleo de voluntarios o profesores sustitutos. Estos autores sugieren, como vía útil, el empleo de profesores sustitutos que permitan a ambas las mitades de la plantilla la asistencia al programa de reciclaje dos tardes por semana, dos horas por sesión, durante todo el año escolar.

Rol de la Universidad

En muchas ocasiones estos programas de reciclaje van a requerir la colaboración de universidades, escuelas universitarias de formación del profesorado e institutos de ciencias de la educación. Estas instituciones deberán prestar asistencia técnica y de personal para la planificación de esos programas. Todo eso significa que el Ministerio de Educación y Ciencia y, en su caso, las Consejerías de Educación de las Comunidades Autónomas deben destinar fondos para emplear a los profesores y especialistas necesarios.

Es aconsejable que una vez se haya planificado el programa de reciclaje, éste se haga extensible para todos y, por tanto, la asistencia sea requerido por igual a todo el personal. No es conveniente que la participación sea voluntaria.

El programa debe hacerse dentro del horario escolar, sin exigir al profesorado quedarse más tiempo del que deberían, caso de tener clase en el aula. Al profesorado que se incorpora en el curso de los años después de haberse finalizado el programa de reciclaje, se le debe orientar de igual manera, facilitándole la información que sus otros compañeros tuvieron durante el desarrollo de los cursos. A este fin sería conveniente la utilización del vídeo.

Evaluación de necesidades

La adecuada asimilación de lo que el concepto de integración significa, no solamente requiere ser consciente de los problemas y la naturaleza de distintos tipos de deficiencia, sino también el conocimiento de las técnicas adecuadas para trabajar con la población disminuída en una situacion de aula regular. De cara a establecer el programa de reciclaje es imprescindible saber cuáles son las necesidades del profesorado en términos reales de conocimientos. La evaluación de esas necesidades se puede hacer de diversas formas.

Paul, Turnbull y Cruickshank (1980) sugieren el uso de un cuestionario de información general de 100 ítems, de múltiple respuesta, a través del cual se pueden determinar las necesidades generales del grupo.

Por otra parte sería conveniente analizar las actitudes del profesorado ante el deficiente y ante la integración de éste con anterioridad al inicio del programa de reciclaje.

Sean cuales sean las técnicas utilizadas para el análisis de evaluación, es importante tener una idea precisa del tipo de información necesaria para los grupos de reciclaje antes de empezar el programa. Una vez analizados los resultados de estas pruebas, los que están a cargo de la planificación de los cursos conocerán con más detalle el nivel de conocimientos de la media y el tipo de actitudes predominante. Partiendo de las necesidades que se presenten en esta primera fase se podrá elaborar un programa realista que surta efecto entre los profesores.

En primer lugar, esta información da a los que tienen que planificar, una buena idea del punto en el que tienen que comenzar a impartir la información necesaria; al mismo tiempo supone una línea punto de partida para cualesquier otros programas educativos de carácter ulterior. De esta información, por ejemplo, podemos saber que la plantilla en grupo quizá esté bien orientada con respecto al tema del retraso mental pero probablemente algún subgrupo va a presentar lagunas. Es posible que otras categorías de la amplia gama de características excepcionales no sean tan bien conocidas. Aquellos grupos que requieran atención especial pueden trabajar en grupos pequeños sobre las áreas en las que más adolezcan conocimiento, mientras que la instrucción general a toda la plantilla se dirigirá a temas que interesen a todos. De esta forma conseguimos que el programa de reciclaje no se base en ideas preconcebidas de lo que los especialistas consideran necesario e importante sino que parte de las necesidades reales de los propios profesores.

Por otra parte, partiendo de la información recibida por los cuestionarios de actitud, conoceremos el estado emocional del profesorado hacia la deficiencia en general, y la integración del disminuído, en particular. Por el conocimiento de estos datos se podrá establecer sesiones que persigan la expresión de expectativas, actitudes y criterios del profesorado ante la integración. Lo que se pretende es establecer un foro en el que se puedan examinar, de forma objetiva, sentimientos, prejuicios, expectativas y actitudes hacia la integración. Muchas de las actitudes del profesorado son producto de faltas de información, otras expresan el resultado de tensiones emocionales que se han desarrollado a partir de una mala experiencia con el mundo de la deficiencia. Otras, aún, irán relacionadas con ciertos temores irracionales. El coordinador de curso deberá ver a estas personas que exponen sus sentimientos y opiniones, con independencia de los matices de sus expresiones, como sujetos que, de forma abierta, intentan abordar el problema. Las tensiones, ansiedades y hostilidades que aparezcan deben ser tratadas hábilmente por el responsable del grupo e intentar sustituír con información objetiva esas tensiones. Esta fase del programa es necesaria para liberar tensiones y clarificar actitudes basadas en falta de información o experiencia. Es importante que los profesores sean conscientes de estas actitudes, las verbalicen y las aborden antes de ser abandonadas por información objetiva y experiencias adecuadas. Por su parte, los que planifican estos cursos deben ser capaces de reemplazar viejas actitudes y prejuicios, basados en la falta de datos, con información sólida de forma que ofrezcan al profesorado una plataforma firme de la cual partir a la hora de tratar con niños que, evidentemente, presentan deficiencias o actúan de forma diferente.

Orientación

De la evaluación inicial pasamos directamente al programa de reciclaje en sí.

La orientación en esta fase consiste en ofrecer una visión general del mundo de la deficiencia. Aquí pueden incluirse consideraciones sobre:

- La definición de distintas categorías,
- Uso y abuso de terminologías,
- Temas de derechos humanos,
- Información sobre los derechos humanos y legales del niño disminuído.

Es en esta fase de la orientación que se pueden considerar temas referentes a la evaluación, a la categorización y a conceptos básicos.

Contenido

Aunque la categorización en principio puede parecer superficial y, de hecho, sería conveniente hablar de lo que un niño es capaz de hacer y, no tanto, de cómo llamar a ese niño, es imprescindible por razones didácticas recurrir a las categorías clínicas y los problemas que encontramos en cada una de ellas como parte fundamental del contenido de estos cursos de reciclaje. Aunque resulte artificial debemos saber qué son dificultades de aprendizaje, en qué consisten y cómo tratarlas. También será necesario considerar la naturaleza de los niños que presentan trastornos emocionales y cuáles son sus necesidades típicas.

Si se identifican niños ciegos o con problemas de audición en el sistema escolar para ser integrados, estos profesores deberán saber en qué consisten estas categorías clínicas. En otras palabras, los participantes de estos cursos deben conocer los distintos tipos de deficiencias que se presentan y que pueden estar afectando a potenciales sujetos de integración. Para conseguir los objetivos de la integración, el profesorado debe conocer lo que es parálisis cerebral, epilepsia, autismo y otras manifestaciones del campo de la Educación Especial, y deben conocerlo porque estos niños, en función de sus características, presentan necesidades distintas a las del niño normal.

Elaboración del programa

Una vez que los especialistas han analizado el nivel de conocimientos de los profesores en los distintos centros de integración y, por tanto, de sus necesidades, se debe proceder a la elaboración de un programa de contenidos en función de esa evaluación. En el programa debe constar:

- No solo el contenido a tratar sino también las actividades a través de las cuales vamos a encauzar la materia.
- Un orden cronológico racional de estas actividades es también fundamental.
- Una lista bibliográfica útil y la posibilidad de contar con otro tipo de material didáctico como puedan ser vídeos, películas, cintas magnetofónicas, etc., debe ser parte integrante del programa de reciclaje.
- Por último, es conveniente que se establezcan criterios de evaluación que indiquen el efecto del programa y permitan establecer si los objetivos iniciales han sido alcanzados o si, por el contrario, es preciso alterar el contenido, las actividades o el orden cronológico con el que hemos trabajado a fin de satisfacer las necesidades que el grupo de profesores presenta.

Una vez determinado el número de sesiones y la materia a tratar en cada una, es preciso planificar dentro del programa, reuniones en las que haya una puesta en común entre los distintos profesores sobre temas importantes que se hayan ido tratando.

En las reuniones programadas a este fin juega un papel fundamental la presión del grupo. Cuanto más maduro sea el grupo, mayor toma de conciencia de responsabilidades por parte de los miembros del mismo. Estas reuniones facilitan la presión del grupo, por una parte y, por otra, la presión, índice de madurez y la predispocisión a la asimilación y toma de conciencia del trabajo en el grupo.

No es imprescindible que a estas sesiones acudan a los especialistas. Quizá sea conveniente encauzar la primera, pero partiendo de ahí la experiencia parece indicar que los profesores del grupo pueden trabajar por sí solos.

Educación continuada

El proyecto educativo de reciclaje por el que se pretende facilitar el proceso de integración mediante la mejor formación del profesorado y, por tanto, por el cambio de actitudes que ese fortalecimiento académico conlleva, puede verse acompañado de forma complementaria por la asistencia por parte del profesorado a cursos especiales que, quizá, ofrezcan las universidades, escuelas universitarias o institutos de ciencias de la educatión de los distintos distritos universitarios del ámbito nacional.

Estos cursos formales universitarios pueden ser un buen complemento al programa de reciclaje pero no deben sustituirlo, ya que nunca van a ser tan específicos en la consecución de objetivos como los programas elaborados a partir de la evaluación de las distintas necesidades de los profesores que van a hacerse cargo de la integración.

Los cursos de reciclaje unidos a los posibles cursos de educación universitaria continuada juegan un papel fundamental en la implementación de la integración y hasta cierto punto incluso de la normalización de niños disminuídos. Este autor comparte la opinión de muchos otros de que las actitudes del profesorado pueden cambiar, de forma que profesores incapaces de aceptar niños ''diferentes'' en sus clases puedan llegar a estar dispuestos a integrarlos después del seguimiento de un programa similar al que se propone. Con frecuencia se observa que la percepción de incompetencia o de falta de conocimientos en el área de Educación Especial va unida a la inseguridad personal para tratar con sujetos de Educación Especial. Esa inseguridad se traduce en miedo a la frustración o a experiencias de fracaso que conduce al mantenimiento de actitudes negativas hacia el concepto de integración o normalización.

Lo importante, sin embargo, es que esas actitudes negativas pueden ser modificadas. La modificación de actitudes negativas puede ser favorecida por la elaboración de buenos programas de reciclaje. Distintas experiencias de investigación corroboran este postulado.

La provisión de experiencias de apoyo, como las indicadas en el programa de reciclaje y de educación continuada, facilita, de hecho, la consecución de logros positivos de integración.

CAPÍTULO 5
Modificación de los programas de formación del profesorado

Conseguir una transición adecuada de un sistema educativo que tiende a aislar o segregar al deficiente a un sistema de integración y normalización supone un proceso de aprendizaje por parte de todos los elementos que tienen que ver con el cambio. Aparecen nuevos roles a jugar por los profesores y éstos precisan dominar cierto tipo de habilidades especiales. El entorno en que se mueven estos profesores debe facilitar y potenciar este proceso de aprendizaje, utilizando los medios que sean precisos.

La decisión administrativa de implementar programas de integración no se ha visto, desafortunadamente, precedida de una adecuada preparación profesional y académica del profesorado en las escuelas universitarias de formación del profesorado. De hecho, la decisión política y administrativa de ''integrar'' está suponiendo cambios radicales a nivel de centros escolares. De repente, están apareciendo nuevos alumnos con necesidades nuevas que provocan ansiedad y, en muchos casos, angustia en muchos sectores del profesorado.

Aunque tarde, uno de los impactos de la integración del deficiente en el sistema educativo debiera ser la modificación de los programas de formación del profesorado. Es vital el reconocimiento de la importancia de una reforma en los curricula universitarios para facilitar la disposición y las destrezas del profesor y, en definitiva, la implementación del proceso de integración.

El proceso de aprendizaje que precede a la entrada en servicio del futuro profesor debe ser lo suficientemente completo y sofisticado como para permitir el desarrollo de las técnicas necesarias que capaciten al profesor para percibir con seguridad como positivas sus primeras experiencias con deficientes. Esa percepción de éxito inicial potencia el desarrollo de actitudes positivas y autoestima profesional, lo cual, irremediablemente, contribuye a favorecer el proceso total de integración y normalización que nos preocupa.

Para poner en operación el progreso del programa de integración es preciso tener en cuenta, en la misma línea en que se inspira este trabajo, la evolución hacia actitudes más positivas del profesorado ante el concepto de integración. Mitchell (1976) ha establecido ciertos elementos que deben darse para una integración positiva. Estos elementos incluyen:

- La preparación del profesor de apoyo, del profesor regular y la interacción actitudinal de estos dos profesores entre sí y ante el alumno.
- La importancia, por tanto, de la formación de estos profesionales deriva de la relación directa que existe entre preparación y actitudes, como, por otra parte, ha quedado claro a tenor de la investigación realizada por el autor de este estudio, ya comentada en capítulos anteriores.

Si a través de la adecuada formación del profesorado pretendemos el desarrollo de actitudes positivas, es importante que se presente la noción de integración como una alternativa idónea de educación para muchos deficientes, pero en ningún momento debiera presentarse ésta como la única alternativa. En vez de suponer que el futuro profesor se verá enfrentado a toda una variedad de distintas tipologías de sujetos especiales que se integran en su clase como única y mejor alternativa educativa, se debe considerar la posibilidad de una amplia variedad de opciones. Esperar que un futuro profesor regular se haga cargo de toda la gama de posibles deficiencias y que haga frente a ellas sin ayuda o con recursos y apoyos limitados conduce a la creación y mantenimiento de actitudes negativas.

La nueva adecuación curricular a las necesidades de preparación de futuros profesores supone un gran esfuerzo. La modificación de cursos académicos no se hace de un día para otro. El desarrollo de nuevos programas exige la preparación del profesor universitario que, en muchos casos, ha perdido de vista al deficiente o ha tenido poco contacto con la población infantil especial en general.

Tal y como ocurre con los profesores regulares que ahora se enfrentan a la noción de la integración, la elaboración de los programas y su adecuación a ellos supone un reto para el profesor universitario. Muchos profesores universitarios de Educación Especial han venido enseñando métodos y técnicas de trabajo individualizado a clases reducidas de educación segregada para futuros maestros y tienen que adaptarse a nuevas metodologías y estrategias de trabajo que la integración requiere. Las actividades y técnicas que se utilizan en grupos pequeños son distintas a las requeridas con grupos más grandes que presentan diversas necesidades.

En muchos casos, por tanto, será necesario el reciclaje y preparación del profesor universitario. Las universidades tienen que hacer un gran esfuerzo en este sentido, posibilitando programas que tiendan a satisfacer las necesidades de los profesores que se hacen cargo del futuro profesor de integración. Cursos de reciclaje, enriquecimiento de las bibliotecas universitarias con obras que traten de la integración, permisos para la asistencia a cursos especialmente interesantes que sean ofrecidos por otras universidades, colaboración de especialistas en pedagogía terapéutica que estén trabajando en Educación Especial, participación del profesorado universitario en el trabajo cotidiano de centros que se estén haciendo cargo ya de la integración y otras posibilidades deben ser ofrecidas por los distintos departamentos universitarios para la adecuada adaptación del profesorado universitario al nuevo reto que supone la modificación de programas dirigidos a futuros profesores regulares.

CAPÍTULO 6
El programa de integración en marcha

Pocas cosas han atraído tanto la atención en Educación Especial como la integración de niños deficientes en la escuela regular. Este interés, en buena parte, ha sido generado por preocupaciones de tipo político, legal y social, en el mejor de los casos, y no tanto por inquietudes de carácter educativo y psicológico. Como resultado de este énfasis, cuestiones claves, como por ejemplo la selección de niños disminuídos y los procedimientos necesarios para su integración, no han sido evaluados con la suficiente profundidad. En consecuencia, se integra a niños disminuídos en clases regulares con la esperanza de que por asociarse con no disminuídos mejoren tanto a nivel de rendimiento escolar como a nivel de aceptación social. La mera asociación con no disminuídos, por sí sola, no es suficiente para obtener resultados beneficiosos en el niño integrado. Es decir, el niño con dificultades adquirirá pocas de las características del resto de sus compañeros tan sólo por estar expuesto a ellos. La "normalidad," en este sentido, no parece ser contagiosa.

Esto no quiere decir, sin embargo, que el disminuído no pueda beneficiarse de la integración.

La integración del deficiente, como hemos visto, supone un cambio muy complejo en el sistema educativo. Este cambio afecta tanto al niño disminuído como al no disminuído. La integración es percibida en la actualidad como una cuestión inseparable de la obligación social de mejorar la educación de todos los niños. Por lo tanto, abordar este concepto a nivel práctico supone considerar concienzudamente, por una parte, la filosofía educativa en que nos basamos y su valor, y por otra, supone el dominio de procedimientos técnicos, destrezas y cambios actitudinales y de organización.

La cuestión no es tanto si una integración satisfactoria es posible, sino, para qué niños es ésta posible y bajo qué circunstancias se pueden obtener mejoras aceptables y perdurables en los programas de centros regulares. Cuestiones de este tipo no pueden ser resueltas con un solo programa de integración aplicable a todas las distintas situaciones. Hay, simplemente, demasiadas diferencias entre niños, profesores y centros. Por tanto se presenta como necesario el plantearnos una serie de elementos claves que deben ser considerados antes de la puesta en práctica de los distintos programas de integración.

Estos temas serán ahora examinados bajo áreas generales de: selección y preparación de niños disminuídos, la preparación pedagógica del profesor que recibe a estos niños y la planificación de una acomodación progresiva.

Selección y preparación del niño a integrar

Sería útil tener alguna forma de distinguir entre aquellos niños que más se van a beneficiar de programas de integración, de aquellos que no sólo no se van a beneficiar sino que incluso puede que salgan perjudicados. Parece bastante obvio, a tenor del análisis de los resultados de las últimas investigaciones, que no todos los niños van a ver mejor satisfechas sus necesidades en el aula regular, de aquí la conveniencia de la correcta selección de los candidatos ideales. Una de las variables más claras para predecir la probabilidad de una futura integración positiva es la importancia o severidad de la dificultad que presenta el niño. Por ejemplo, ha habido investigaciones que afirman integraciones positivas con niños que presentaban dificultades de aprendizaje (Ritter 1978), niños con retraso mental leve (Gottlieb, Campbell y Budoff 1975), niños con dificultades de audición (Reich, Hambleton y Houldin 1977) y niños afectados por trastornos de carácter emocional (Macy y Carter 1978).

De forma comparativa ha habido pocas investigaciones que hablen de éxitos en la integración de niños con retraso mental medio y con niños afectados por múltiples trastornos (Birch 1976). Sin embargo, y, a pesar de esto, no parece haber una perfecta correlación entre el grado de trastornos que afecta al niño y el éxito o fracaso en programas de integración. No todos los niños con dificultades leves arriba citados se integraron de una forma favorable. Muchos fracasaron en su intento de integración. Además, con ayuda intensiva, es posible que un niño afectado de un trastorno severo pueda entrar en una clase regular y seguirla con resultados positivos (Russo y Koegel 1977).

Por tanto a la hora de elegir qué niños van a ser integrados es necesario algo más que una simple evaluación de los trastornos que afectan a estos niños, es necesario examinar la situación en la que ese niño va a ser integrado.

Con ciertas excepciones se puede afirmar que el éxito o fracaso de su integración depende de la compatibilidad entre el niño concreto y las características ambientales de la clase regular a la que es integrado (Bijou 1977). No solo es necesario que el niño que se va a integrar posea un nivel mínimo de habilidades que se aproxime a la media de la clase regular, sino también que los medios didácticos de la educación de la escuela regular sean útiles para cualquier diferencia individual de los estilos propios de aprendizaje del niño integrado.

Contenido y método educativo

La posibilidad de que incluso el mejor de los integrables encaje bien en la clase regular es, quizá, más una función del tipo de instrucción de la que éste ha sido objeto en el pasado que del tipo de trastorno o deficiencia que este niño presenta. Sin una instrucción específica de programas individuales no es posible que un niño disminuído posea las conductas y habilidades necesarias para un rendimiento aceptable en la clase regular (Jones et al. 1978).

De cualquier forma, no todas las actividades de rehabilitación o reeducación en Educación Especial preparan adecuadamente a un niño con dificultades de aprendizaje para el aula regular. Por ejemplo el tipo de actividades que se realizan en Educación Especial están designadas a remediar las deficiencias de base que se creen responsables de los problemas de conducta y de rendimiento escolar del niño

(Bruininks y Rhynders 1971). Es posible que los niños en el aula especial estén realizando actividades didácticas de Montessori o Frostig en programas de reeducación y, quizás, en muchos casos, éstos resulten provechosos de forma que los niños se vean beneficiados a la hora de realizar actividades perceptivo-motoras. Hay, sin embargo, pocos indicios que nos permitan afirmar que este tipo de tarea rehabilitadora (ideal en Educación Especial) faciliten habilidades académicas necesarias para su integración (Hammil 1978). Los alumnos con dificultades de aprendizaje que van a ser integrados estarían mejor preparados si se les enseñara el tipo de conductas y destrezas necesarias para su integración. Es aconsejable, por tanto, saber el tipo de expectativas del profesor regular para determinar qué enseñar al niño disminuido. Basándonos en estas expectativas y en una evaluación de las habilidades y competencias del niño disminuído, se podrán identificar áreas de instrucción que preparen al alumno integrable.

Proporción profesor-alumno

Uno de los rasgos distintivos de la Educación Especial es la proporción ventajosa profesor-alumno que permite a cada niño recibir frecuentemente atención individualizada de grupos pequeños.

Ese rico contacto con el profesor no está a disposición del niño en un aula de enseñanza regular donde la proporción profesor-alumno es mucho menor. En este tipo de situación el niño con dificultades de aprendizaje debe aprender a trabajar en períodos largos de tiempo sin el contacto con el profesor y adquirir nuevos conceptos y habilidades en clases con grupos grandes.

Si no se le enseña con anterioridad a aprender en estas condiciones, el alumno no será capaz de completar su trabajo ni prestar atención durante el tiempo de instrucción al grupo, incluso si aquel presenta el potencial básico necesario para este tipo de asimilación.

Los efectos del contexto de aprendizaje en posteriores rendimientos escolares han sido claramente ilustrados por Koegel y Rincover (1974). Estos autores enseñaron a niños autistas a responder verbal y no verbalmente a las exigencias de su profesor/a en un tipo de enseñanza donde la proporción profesor-alumno era de uno-a-uno. La exactitud de las respuestas de esas mismas actividades se redujo de manera considerable con la suma de otro niño y cada vez más según se iba incrementando en el número de niños.

Se puede preparar mejor al alumno para aprender y trabajar en una clase regular si, de forma paulatina y gradual, introducimos algunas de las condiciones y características de ese tipo de enseñanza. Por ejemplo, podemos preparar al niño a trabajar, él solo, por períodos de tiempo cada vez más largos (Koegel y Rincover 1974).

Otras condiciones a ser introducidas para preparar esa transición pudieran consistir en proveer más charlas por parte del profesor a la clase, la introducir progresivamente de un mayor número de alumnos en el grupo y prescindir de cualquier tipo de refuerzos tangibles.

Evaluación de la idoneidad para la integración

El profesor de Educación Especial basa su criterio de selección de los niños que han de ser integrados en un estudio retrospectivo sobre el rendimiento de ese niño. Desafortunadamente, sin embargo, la evaluación que se hace del rendimiento escolar de un alumno en el aula de Educación Especial no predice el éxito o fracaso del rendimiento de ese mismo niño una vez integrado.

El uso de pruebas estandarizadas no supone un método más satisfactorio. En estas pruebas la puntuación de un niño en distintas áreas académicas es comparada con la edad y las normas de ese misma prueba. Las pruebas psicométricas de rendimiento escolar suelen ser fiables pero es posible que haya ciertos problemas a la hora de aplicarlos a niños con dificultades específicas de aprendizaje—este grupo de niños no está típicamente incluido en la estandarización de las pruebas (Jones et al. 1978).

Otro problema que presentan las pruebas psicométricas de rendimiento escolar es que tienden a evaluar dimensiones globales del niño como por ejemplo la ''habilidad aritmética o matemática'' y no habilidades precisas más concretas. Por tanto los ítems y el formato de las pruebas serán substancialmente distintos del tipo de trabajo que ese niño va a encontrar en la clase regular.

La evaluación de las posibilidades de integración de un niño disminuído no tiene sentido si no se considera esta evaluación en el contexto de los niveles de la clase regular y de las expectativas de su profesor. Por tanto los criterios de selección deben ser hechos con base en el estudio comparativo de las habilidades-capacidades del niño a integrar y los niveles de rendimiento escolar mínimos aceptables en la clase regular.

Se deben identificar tipos de conducta y habilidades y establecer mínimos niveles de grados de aceptación y, de esta forma, evaluar al niño con dificultades en relación a esos niveles. Los resultados de este tipo de estudio nos indicarán la proximidad de la capacidad del niño disminuído a los niveles requeridos por la clase regular. Rendimientos escolares a niveles aceptables nos sugerirán que ese niño está preparado para ser integrado. Rendimientos a niveles inferiores nos indicarán la necesidad de instrucción adicional en áreas particulares determinadas.

Con este método la idoneidad de un niño para ser integrado se basa en evaluaciones reales de las competencias críticas necesarias para la integración provechosa en la clase regular.

Actitudes del profesor

Como se ha venido defendiendo a lo largo de este trabajo es de vital importancia tomar en consideración las actitudes del profesorado a la hora de llevar a la práctica programas de integración. Hay razones suficientes para creer que las actitudes del profesorado son importantes. Las expectativas del profesor fundadas en actitudes más que en hechos pueden afectar negativamente el comportamiento académico o social de un alumno.

Sería ridículo pensar que después de haber recibido rehabilitación y reeducación en un programa de Educación Especial adecuado, un niño disminuído verá desaparecer todos sus problemas para siempre al ser integrado. Lo más seguro es que persistan dificultades residuales en el niño que, sin embargo, puedan ser tratadas en la clase regular una vez que éste ha sido integrado. De cualquier forma, esas dificultades requieren que el profesor del aula regular haga ajustes en sus métodos de trabajo. La buena voluntad para hacer estos ajustes depende, en gran medida, de sus actitudes hacia el niño deficiente.

El tipo y grado de medidas de ajuste que estos profesores están dispuestos a tolerar en sus clases varía de profesor a profesor; algunos presentan ciertos prejuicios ante el deficiente y su normalización (Alexander y Strain 1978; Chueca y Mora 1985; Horne 1979; Shotel, Iano y McGettigan 1972). Estas actitudes parecen estar basadas en la previsión de que estos niños tienen una reducida capacidad para aprender y, de hecho, aprenden sólo bajo unas condiciones muy artificiales y costosas (Shotel, Iano y McGettigan 1972).

La integración de uno de estos niños es, por tanto, vista con frecuencia como inútil y fuente de interrupción y molestia para el seguimiento de la clase de los otros niños.

La falta de experiencia y contacto con niños disminuídos, así como la falta de seguridad provocada por la sensación de no conocer suficientemente bien el mundo del alumno especial, son factores considerados por investigadores en el campo, como causas que predisponen al desarrollo de actitudes negativas en algunos profesores (Alexander y Strain 1978; Chueca y Mora 1985; Horne 1979; MacMillan, Jones y Meyers 1976). Se presenta por tanto necesario, para mejorar las actitudes de estos profesores, el reciclaje y la experiencia con niños disminuídos en la línea defendida en capítulos anteriores de este estudio. Numerosas investigaciones parecen corroborar este dato (Brooks y Bransford 1971; Glass y Meckler 1972; Harasymiw, Horne y Lewis 1976).

Sin embargo, parece ser también un hecho que tener a estos niños en el mismo centro, sin cursos de preparación dirigidos al profesorado y participación directa por parte de éstos, supone un efecto muy pequeño a la hora de alterar sus actitudes hacia un polo más positivo (Horne 1979; Shotel, Iano y McGettigan 1972).

En definitiva, de una mejor formación del profesorado y de una participación más cercana por parte del profesor regular en los procesos de integración, podemos esperar que se produzcan cambios positivos hacia el deficiente (Grosenick 1971; MacMillan, Jones y Meyers 1976).

En parte esta implicación del profesor regular podría consistir en la observación directa del niño deficiente en la clase de Educación Especial con anterioridad a la integración en el aula regular propiamente dicha. De este contacto, no sólo las decisiones y expectaciones del profesor regular estarían ahora basadas en un conocimiento directo de la realidad del deficiente, sino que también este profesor se sentiría más responsable del éxito o fracaso del niño en el programa regular al ser partícipe de la planificación de la integración y de las decisiones tomadas. La integración en este caso no sería simplemente impuesta por decreto, como por desgracia está sucediendo hasta ahora, sino que el profesor se sentiría parte integrante y responsable del proceso.

Servicios de apoyo

Las características del ambiente de la clase donde es integrado el alumno constituye otro de los elementos fundamentales a tomar en consideración (Bijou 1977). Esto es particularmente importante si se tiene en cuenta la cantidad considerable de tiempo que el niño pasa con el profesor que, proporcionalmente, dará menos alabanzas a la tarea del deficiente que a la del resto de sus compañeros.

El profesor regular que recibe al niño tendrá que hacer ciertas modificaciones para acomodarle y hacerle sentir integrado en la clase. Pero muchos profesores se sienten incapaces de planificar o implementar programas de rehabilitación o reeducación para estos niños.

Dentro de este contexto parece que la integración del niño deficiente en el aula regular dependerá de algún tipo de servicio de apoyo. Esto es evidente cuando se examinan casos de integración positiva. Casi sin excepción, una integración afortunada se consigue cuando se ofrece al profesor regular un apoyo externo. Sin estos servicios de apoyo se obtienen siempre peores resultados (Cantrell y Cantrell 1976, Jenkins y Mayhall 1976; Macy y Carter 1978; Miller y Sabatino 1978). Por ejemplo, Ritter (1978) demostró que niños con dificultades de aprendizaje mantenían su progreso solamente en aquellas materias académicas en las que recibían instrucción suplementaria.

Ritter concluye su obra diciendo:

... el concepto de la integración sin la provisión de programaciones suplementarias debe ser cuestionado, porque el tipo de instrucción regular por sí sola es insuficiente para mantener previos niveles de progreso académico en niños con dificultades de aprendizaje. (P. 255)

Tipos de servicios de apoyo

Los servicios de apoyo han sido principalmente de dos tipos: equipo multiprofesional con especialistas que asesoran al profesor regular sobre las condiciones y características de la población infantil con dificultades de aprendizaje y aconsejan sobre técnicas de reeducación y rehabilitación, y aulas de apoyo donde un especialista trabaja directamente con el niño que presenta problemas en el aula regular. Hay estudios de investigación que avalan la efectividad de ambos modelos (Cantrell y Cantrell 1976; Jenkins y Mayhall 1976).

Si bien es cierto que los asesores y las aulas de apoyo tienen efectos inmediatos en el niño disminuído, estos efectos (al menos ésta es la experiencia de otros países que llevan trabajando más años que nosotros en integración) no parecen persistir en el tiempo ni generalizarse a otras áreas que no hayan sido enfatizadas. Cuando los servicios de apoyo desaparecen, el profesor regular no es capaz de continuar con el programa especial que ha sido elaborado para el niño ni de intervenir para solucionar otros problemas que puedan aparecer (Brown, Montgomery y Barclay 1969; Kazdin 1973). De la misma forma, el progreso que un alumno puede hacer en el aula de apoyo no siempre es transferido al aula regular (Jenkins, Barksdale y Clinton 1978) ni mantenido en el tiempo (Glavin 1973). Por tanto, a no ser que los servicios de apoyo se hagan posibles permanentemente, se tienen que tomar las medidas para asegurar que el profesor regular sea capaz de hacerse cargo del niño con dificultades especiales, y, consiguientemente, distintos programas de preparación del profesorado deben ser introducidos.

Comos estamos viendo, la integración no es una tarea sencilla. Requiere la participación del profesor regular en la planificación e implementación de programas especiales. En este sentido, una posibilidad sería que el profesor de Educación Especial, o cualquier especialista en pedagogía terapeútica, asistiera al niño directamente en la clase y, gradualmente, transfiriera el programa al profesor regular encargado de la clase, asegurándose de que el procedimiento resulte práctico y provechoso.

Transición

Con prioridad al paso del niño deficiente a la clase regular, se deben desarrollar planes que especifiquen los objetivos a conseguir en la clase regular por cada uno de los niños que vaya a ser integrado, los programas y servicios que van a acomodar al niño en esa clase y la evaluación del progreso de ese niño. La formulación de dicho plan no es simple y, por tanto, no debe ser llevada a cabo de forma unilateral ni por el especialista, ni por el profesor regular. Un equipo multiprofesional se debe ocupar de esta importante tarea, tal y como ha sido propuesto por numerosos investigadores (Grosenick, 1971; Hays 1976; Macy y Carter 1978), y tal y como se requiere en el desarrollo del reciente plan de integración que el Ministerio de Educación y Ciencia español ha propuesto y estaba llevando a cabo por primera vez el curso escolar 1985–86.

El plan individual de educación (PIE)

Este plan individual de educación (PIE) para cada niño debe contener cierta información. Debe constar de una clara determinación de los objetivos que se espera que el niño alcance en la clase regular. Con frecuencia el principal objetivo de integración de un niño deficiente es mejorar su sociabilidad. Si este es el caso, no hay razón para esperar grandes progresos de rendimiento escolar.

El PIE debe incluir una detallada descripción de los tipos de servicios y programas que el niño ha de recibir, cuándo van a comenzar, por cuánto tiempo, y quién es responsable de ellos. Esto último es particularmente importante. Un componente imprescindible en la integración es la necesidad de que el profesor regular acepte la responsabilidad del niño disminuído. Sin embargo, hasta que no esté convencido de la utilidad de la integración, el profesor regular no mostrará gran entusiasmo a la hora de asumir esa responsabilidad.

Una vez introducida la integración, su efectividad debe ser demostrada utilizando criterios que sean relevantes al sistema escolar. Debemos seleccionar y aplicar evaluaciones en determinados intervalos de tiempo. Después de un período de tiempo determinado lo apropiado de la integración se reflejará en el resultado obtenido en estas evaluaciones.

En este intento de facilitación de la integración del que estamos hablando sería conveniente que todos los detalles de la transición hacia la escuela regular se tuvieran en cuenta. Es preferible una transición gradual a un cambio brusco. Una transición paulatina y progresiva requiere que sean tenidos en cuenta todos los pasos a dar, y se delimiten los criterios para pasar de uno a otro. Por ejemplo el niño deficiente puede empezar asistiendo a la clase regular inicialmente una hora durante algunos días. Según se va acostumbrando el niño al nuevo ambiente y sus exigencias, se puede ir extendiendo el tiempo de asistencia.

Inevitablemente se cuestiona qué ocurre el año siguiente a la integración, cuando el niño disminuído se encuentra con un profesor distinto que no ha sido partícipe en la aceptación inicial del niño en la escuela o aula regular. Es probable que el nuevo profesor se fije en problemas que no habían sido identificados anteriormente. Esta posibilidad apunta la necesidad e importancia de entender la integración como un proceso a largo plazo. El progreso de un niño disminuído a una nueva clase requiere una preparación y planificación similar en sus características, a la de la transición original. Este nuevo profesor tiene que haber sido llamado con anterioridad para identificar áreas problemáticas y para participar como miembro en la planificación del programa individual de educación. Según se vayan necesitando programas especiales, nuevos servicios de apoyo y preparación deberán ser prestados.

Resumen

Muchos de los aspectos educativos que afectan al éxito de un programa de integración pueden ser ignorados cuando estos son vistos simplemente como una cuestión de carácter administrativo del sistema escolar. Sin una planificación específica no hay grandes razones que nos permitan esperar que un niño deficiente esté listo para ser integrado o que un profesor esté dispuesto—o sea capaz— de trabajar con ese niño.

La integración es un proceso complejo que requiere cuidadosas planificaciones en áreas críticas para su éxito. Estas áreas incluyen:

- La selección y preparación del niño.
- La preparación del profesor que le va a recibir.
- La modificación de posibles actitudes negativas, así como la planificación de una transición progresiva en la que se vayan introduciendo los cambios.

Si se juzga que el niño tiene el potencial necesario para integrarse con éxito, se selecciona una escuela regular en la que pueda ser atendido con base en la receptividad del profesor y la adaptación del niño al resto de la clase. Entonces se invita al profesor regular a observar al alumno en la clase especial para que ayude a identificar áreas en las que se requiere progreso. Se identifican áreas requeridas por el profesor regular y se desarrolla una prueba informal que evalúe esas áreas. Para evaluar si el niño está listo o no para ser integrado se tienen en cuenta los resultados de niños de esa clase regular en las distintas áreas. Cualquier deficiencia en las materias académicas o trastornos de conducta para adaptarse al nuevo entorno son tenidas en cuenta en la clase de Educación Especial hasta que una nueva evaluación nos indique que el niño está preparado para ser integrado. Es entonces cuando se forma un equipo multiprofesional que se reune regularmente para planificar la transición hacia la normalización. Se van dando los pasos de transición, se controla el progreso del niño y se ofrecen los apoyos necesarios determinados por el equipo. Según se va adaptando el niño a la nueva clase, se hacen cada vez menos necesarias las reuniones del equipo multiprofesional.

Uno de los muchos beneficios de esta planificación a la integración es el efecto positivo en las actitudes del profesor regular debido a su participación en la toma de decisiones. Otro de los beneficios parte del ajuste de procedimientos de la integración a las necesidades del niño disminuído y a los requisitos de éxito de la clase regular.

Costo de la integración

Es importante también tener en cuenta el costo de este tipo de planificación de integración. Por una parte nos encontramos con la enorme cantidad de tiempo y esfuerzo invertido en la preparación de los planes. Estos requieren, indudablemente, la coordinación y cooperación de distintos profesionales en el sistema escolar.

Unido a este costo están los servicios de apoyo a la integración. Se deben tener en cuenta las posibilidades de contar con especialistas y aulas de apoyo a larga escala. Teniendo todo esto presente, para que se dé una provechosa integración quizá sea necesario una mayor inversión de tiempo y dinero de la que se requiere para los tradicionales programas de Educación Especial. En palabras de William Cruickshank (1986), los programas de integración, si están hechos como Dios manda, no son más baratos que los de Educación Especial en centros específicos: ". . . el mito de bajos costos en la integración es completamente irreal."

La Educación Especial bien en su forma más simple, o en los complejos programas de grandes ciudades—incluyendo integración— requiere un esfuerzo total de toda la comunidad: personas de la administración debidamente formadas, especialistas, profesores, etc.

Como ya se ha dicho la integración es mucho más que una simple medida administrativa. Es parte de un complejo concepto y de un amplio programa nacional y fracasará (como se está viendo ocurrir con demasiada frecuencia en los Estados Unidos y en Europa) si todas las piezas del mosaico no encajan en su lugar de forma simultánea.

Apéndice

Nombre de la escuela: _____
¿Está la escuela en una zona urbana, suburbana o rural? _____

Escala de actitudes educativas

En los próximos años, El Ministerio de Educación y Ciencia tiene previsto varios cambios de carácter institucional relacionados con la educación del disminuído. Uno de estos cambios se refiere a la integración del disminuído en la escuela regular. Este cambio supone una nueva orientación educativa con respecto a la actitud más tradicional de centros de Educación Especial segregados.

A continuación aparecen una serie de enunciados sobre actitudes hacia el proceso de integración y/o actitudes relacionadas con las aulas segregadas de Educación Especial. Por favor lea con atención cada uno de los siguientes ítems y exprese su opinión usando la siguiente escala de evaluación:

(1) totalmente de acuerdo
(2) de acuerdo
(3) ni de acuerdo ni en desacuerdo
(4) en desacuerdo
(5) totalmente en desacuerdo

Para cada ítem, circule el número que corresponda a su grado de acuerdo/desacuerdo.

1. Los que están a favor del proceso de integración del niño disminuído en el aula regular no están en realidad interesados por la calidad de la enseñanza.
   1   2   3   4   5

2. Si los que abogan por el proceso de integración se tomaran el tiempo para ver lo que ocurre con niños que se han integrado en las aulas regulares, acabarían recomendado clases de Educación Especial para estos niños.
   1 2 3 4 5
3. Los funcionarios de la Administración que favorecen el proceso de integración están más preocupados por problemas de carácter económico que con aspectos de idoneidad educativa.
   1 2 3 4 5
4. Cuando se integra a disminuídos en clases regulares se hace en la mayoría de los casos en contra de las sugerencias del profesor de esa aula regular.
   1 2 3 4 5
5. Las aulas de apoyo en el programa de integración llegarán a ser con el tiempo otro tipo de clase separada exclusivamente para niños disminuídos.
   1 2 3 4 5
6. El tener alumnos disminuídos en clases regulares reduce la calidad de instrucción para el resto de los alumnos.
   1 2 3 4 5
7. El hecho de estar en una clase regular contribuye a desarrollar un concepto personal más positivo.
   1 2 3 4 5
8. El proceso de integración está siendo impuesto más que consultado.
   1 2 3 4 5
9. Los niños con necesidades especiales se podrían beneficiar mejor a través de instrucción en aulas de Educación Especial.
   1 2 3 4 5
10. El movimiento hacia la integración tiene un carácter más político o legal que educacional.
    1 2 3 4 5
11. Las aulas de Educación Especial para niños disminuídos facilitan al profesor ofrecer una más adecuada instrucción para estos niños que la que es posible en clases de educación regular.
    1 2 3 4 5

Apéndice

12. El niño disminuído en un aula de Educación Especial tiene más posibilidades de estar aislado a nivel social.
    1 2 3 4 5
13. El hecho de estar en un aula de Educación Especial limita la participación de niños disminuídos en actividades extracurriculares.
    1 2 3 4 5
14. Tener niños disminuídos en clases regulares no es justo ni para el disminuído ni para el no disminuído.
    1 2 3 4 5
15. La educación de niños disminuídos en aulas de Educación Especial impide que estos niños sean aceptados por los no disminuídos.
    1 2 3 4 5
16. Aunque en teoría la integración parezca una buena idea, en realidad los niños integrados tienen una gran dificultad de adaptación al aula regular.
    1 2 3 4 5
17. No se debe esperar que el profesor regular medio se encargue de la educación del niño disminuído.
    1 2 3 4 5
18. Todos los estudiantes, disminuídos o no, deben tener derecho a estar en aulas regulares.
    1 2 3 4 5
19. El proceso de integración tendrá el suficiente éxito como para ser retenido como una práctica educacional requerida.
    1 2 3 4 5

Conteste Sí o No

20. ¿Cree Ud. que su actitud general hacia la integración del disminuído cambiaría si no fuera necesario dedicar más tiempo para asegurar que el deficiente sea aceptado socialmente por sus compañeros?
21. ¿Cree Ud. que su actitud general hacia la integración del disminuído cambiaría si hubiera recibido más y mejor instrucción sobre las condiciones y características del disminuído?

Información personal

1. Sexo:
   V
   H
2. Edad
   1. 25 años o menos
   2. Entre 25 y 35 años
   3. Entre 35 y 45 años
   4. Más de 45 años
3. ¿Cuantos años lleva enseñando?
   1. 0–1 año
   2. 2–5 años
   3. 6–10 años
   4. Más de 10 años
4. ¿Qué curso está enseñando ahora?
   Preescolar, 1º, 2º, 3º, 4º, 5º, 6º, 7º, 8º
5. ¿Ha tomado alguna vez un curso de Educación Especial?
   Si
   No
6. ¿Cuántos?
   1, 2, 3, 4, 5, 6, 7, 8, 9, 10
7. ¿Cuál es su especialidad?
   1. Ciencias Humanas
   2. Ciencias
   3. Idiomas
   4. Preescolar
   5. Educación Especial

Bibliografía

Abrams, K. I., and Kodera, T. L. 1979. "Acceptance Hierarchy and Handicaps: Validation of Kirk's Statement, Special Education Often Begins Where Medicine Stops." *Journal of Learning Disabilities* 12:24–29.

Ajchenbaum, M., and Reynolds, C. R. 1981. "A Brief Case Study Using Behavioral Consultation for Behavioral Reduction." *School Psychology Review* 10:407–8.

Alexander, C., and Strain, P. S. 1978. "A Review of Educators' Attitudes toward Handicapped Children and the Concept of Mainstreaming." *Psychology in the Schools* 15:390–96.

Allport, G. W. 1935. "Attitudes." In *Handbook of Social Psychology*, edited by C. Murchison. Worcester, Mass.: Clark University Press.

Anthony, W. A. 1972. "Societal Rehabilitation, Changing Society's Attitudes toward the Physically and Mentally Disabled." *Rehabilitation Psychology* 19:117–26.

Antonak, R. F. 1980. "A Hierarchy of Attitudes toward Exceptionality." *Journal of Special Education* 14:231–41.

Baron, R. A., and Byrne, D., eds. 1977. *Social Psychology*. Boston: Allyn and Bacon.

Behling, H. 1981. "Effective Schools and Effective Classrooms." Annapolis: Maryland State Department of Education Library and Resource Center.

Berryman, J., and Berryman, C. R. 1981. "Use of the Attitudes toward Mainstreaming Scale." Paper presented at the annual meeting of the American Educational Research Association, Los Angeles, April 13.

Bijou, S. W. 1977. "Practical Considerations of an International Model of Child Development." *Exceptional Children* 44:6–14.

Birch, J. W. 1976. "Mainstreaming: Definition, Development and Characteristics." In *Teacher, Please Don't Close the Door*, edited by J. E. Jordan. Reston, Va.: Council for Exceptional Children.

Brooks, B., and Bransford, L. A. 1971. "Modification of Teachers' Attitudes toward Exceptional Children." *Exceptional Children* 38:259–60.

Brophy, J. 1979. "Teacher Behavior and Its Effects." *Journal of Teacher Education* 71:733–50.

Brophy, J., and Good, T. L. 1970. "Teachers' Communications of Differential Expectations for Children's Performance." *Journal of Educational Psychology* 61:365–74.

———, eds. 1974. *Teacher-Student Relationships: Causes and Consequences*. New York: Holt, Rinehart and Winston.

Brown, J.; Montgomery, R.; and Barclay, J. 1969. "An Example of a Psychologist's Management of Teacher Reinforcement Procedures in the Elementary Classroom." *Psychology in the Schools* 6:336–40.

Bruininks, R. H., and Rhynders, J. E. 1971. "Alternatives to Special Class Placement for Educable Mentally Retarded Children." *Focus on Exceptional Children* 3:1–12.

Bryan, T., and McGrady, H. J. 1972. "Use of Teacher Rating Scale." *Journal of Learning Disabilities* 5:199–206.

California Teachers' Association. 1977. *Mainstreaming: Some Effects of the Special Education Program in California Classes*.

Cantrell, R. P., and Cantrell, M. L. 1976. "Preventive Mainstreaming: Impact of a Supportive Services Program on Pupils." *Exceptional Children* 42:381–86.

Caplan, G. 1970. *The Theory and Practice of Mental Health Consultation*. New York: Basic Books.

Carroll, C. F., and Repucci, N. D. 1978. "Meanings That Professionals Attach to Labels for Children." *Journal of Consulting and Clinical Psychology* 46:373–74.

Casey, K. 1978. "The Semantic Differential Technique in the Examination of Teacher Attitudes to Handicapped Children." *Exceptional Child* 25:41–52.

Chueca y Mora, F. A. 1985. *A Study of Teachers' Attitudes toward Mainstreaming in Spain*. Ph.D. diss., University of California, Los Angeles.

Clairborn, W. 1969. "Expectancy Effects in the Classroom: A Failure to Replicate." *Journal of Educational Psychology* 60:377–83.

Combs, R. H., and Harper, J. L. 1967. "Effects of Labels on Attitudes of Educators toward Handicapped Children." *Exceptional Children* 33:399–403.

Conine, T. A. 1969. "Acceptance or Rejection of Disabled Persons by Teachers." *Journal of School Health* 39:278–81.

Cooper, H. 1979. "Pygmalion Grows Up: A Model for Teacher Expectation, Communication, and Performance Influence." *Review of Educational Research* 49:389–410.

Crandell, J. M. 1969. "The Genesis and Modification of Attitudes toward the Child Who Is Different." *Training School Bulletin* 66:72–79.

Cronbach, L. H. 1951. "Coefficient Alpha and the Internal Structure of Tests." *Psychometrike* 16:297–334.

Cruickshank, W. M. 1974. "The False Hope for Integration." *Slow Learning Child* 21:67–83.

———. 1975. "Learning Disabilities: A Charter for Excellence." In *Learning Disabilities: Selected ACLD Papers*, edited by S. A. Kirk and J. McCarthy. New York: Houghton Mifflin.

———. 1977. "Least Restrictive Placement: Administrative Wishful Thinking." *Journal of Learning Disabilities* 10:193–94.

———. 1978. "When Winter Comes, Can Spring...?" *Exceptional Child* 25:3–25.

———. 1979. "Learning Disabilities: Definitional Statement." In *Issues and Initiatives in Learning Disabilities*, edited by E. Polak. Ottawa: Canadian Association for Children with Learning Disabilities.

———. 1981. "A New Perspective in Teacher Education: The Neuro-Educator." *Journal of Learning Disabilities* 14:6.

———. 1983. "Straight Is the Bamboo Tree: A Discussion of the Current Problems in the Field of Learning Disabilities." *Journal of Learning Disabilities* 16:191–97.

Deleo, A. V. 1976. "The Attitudes of Public School Administrators and Teachers toward the Integration of Children with Special Needs into Regular Education Program." Ph.D. diss., Boston College.

Donaldson, J. 1980. "Changing Attitudes toward Handicapped Persons: A Review and Analysis of Research." *Exceptional Children* 46:504–14.

Drake, G. A. 1977. "A Comparative Study of Pre- and Post-Semester Attitudes toward the Handicapped of Students in Introductory Special Education Classes." Paper presented at the 55th annual international convention of the Council for Exceptional Children, Atlanta, April 11–15.

Dworkin, N. 1979. "Changing Teachers' Negative Expectations." *Academic Therapy* 14:517–31.

English, R. W. 1977. "The Application of Personality Theory to Explain Psychological Reactions to Physical Disability." In *Social and Psychological Aspects of Disability*, edited by J. Stubbins. Baltimore: University Park Press.

Farina, A., and Rink, K. 1965. "The Influence of Perceived Mental Illness on Interpersonal Relations." *Journal of Abnormal Psychology* 70:47–51.

Festinger, L. 1957. *A Theory of Cognitive Dissonance*. Stanford: Stanford University Press.

Ford, L., and Rosenfield, A. 1980. "An Intervention in a 'Special' Class." *School Psychology Review* 9:103.

Foster, G.; Ysseldyke, J.; and Reese, J. 1975. "I Wouldn't Have Seen It If I Hadn't Believed It." *Exceptional Children* 41:469–73.

Glass, R. M., and Meckler, R. S. 1972. "Preparing Elementary Teachers to

Instruct Mildly Handicapped Children in Regular Classrooms: A Summer Workshop." *Exceptional Children* 39:152–56.
Glavin, J. P. 1973. "Follow-up Research in Resource Rooms." *Exceptional Children* 40:211–13.
Glicking, E., and Theobald, J. T. 1975. "Mainstreaming: Affect or Effect." *Journal of Special Education* 9:317–28.
Good, T. 1981. "Teachers' Expectations and Student Perceptions: A Decade of Research." *Educational Leadership* 5:415–21.
Good, T., and Brophy, J. 1972. "Behavioral Expression of Teacher Attitudes." *Journal of Educational Psychology* 63:617–24.
Gottlieb, J. 1972. "Bi-cultural Study of Attitude Change and Behavior toward Retardates." Ph.D. diss., Yeshiva University.
―――. 1975. "Public, Peer, and Professional Attitudes toward Mentally Retarded Persons." In *The Mentally Retarded and Society: A Social Science Perspective*, edited by M. Begab and S. A. Richardson. Baltimore: University Park Press.
Gottlieb, J.; Campbell, D. H.; and Budoff, M. 1975. "Classroom Behavior of Retarded Children Before and After Integration into Regular Classes." *Journal of Special Education* 9:307–15.
Green, K. 1983. "Cross-cultural Validation of the Attitudes toward Mainstreaming Scales." *Education and Psychological Measurement* 43:1255–61.
Green, S. C.; Kappes, B. M.; and Parish, T. D. 1979. "Attitudes of Educators to Handicapped and Nonhandicapped Children." *Psychological Reports* 44:829–80.
Grosenick, J. K. 1971. "Integration of Exceptional Children into Regular Classes: Research and Procedure." *Focus on Exceptional Children* 3:1–9.
Gutman, L. A. 1954. "An Outline of Some New Methodology for Social Research." *Public Opinion Quarterly* 18:395–404.
Hammil, D. D. 1978. "Assessing the Training Perceptual-Motor Skills." In *Teaching Children with Learning and Behavior Problems*, edited by D. D. Hammil and N. R. Bartel. Boston: Allyn and Bacon.
Hannah, M. E. 1979. "A Problem Solving Group for Teachers." *School Psychology Digest* 8:469–71.
Harasymiw, S. J., and Horne, M. D. 1976. "Teacher Attitudes toward Handicapped Children and Regular Class Integration." *Journal of Special Education* 10:393–400.
Harasymiw, S. J.; Horne, M. D.; and Lewis, S. C. 1976. "A Longitudinal Study of Disability Group Acceptance." *Rehabilitation Literature* 87:98–102.

Haring, N. A. 1956. "A Study of Attitudes of Classroom Teachers toward Exceptional Children." Ph.D. diss., University of Nebraska.

Haring, N. G.; Stern, G. G.; and Cruickshank, W. M. 1958. *Attitudes of Educators toward Exceptional Children*. Syracuse: Syracuse University Press.

Hart, R. 1973. "Attitudes and Mental Retardation: A Review of Literature." *Training School Bulletin* 69:150–64.

Hays, R. F. 1976. "A Mainstream Team: One School District's Answer." In *Teacher, Please Don't Close the Door*, edited by J. E. Jordan. Reston, Va.: Council for Exceptional Children.

Horne, M. 1979. "Attitudes and Mainstreaming: A Literature Review for School Psychologists." *Psychology in the School* 16:61–67.

Hsu, L. M. 1978. "Determination of Significance Levels for Test Item Validity." *Educational and Psychological Measurement* 38:209–11.

Hughes, S. L.; Kauffman, M.; and Wallace, G. 1973. "What Do Labels Really Mean to Classroom Teachers?" *Academic Therapy* 3:285–89.

Jacobson, E.; Kumata, H.; and Gullahorn, J. E. 1960. "Cross-cultural Contributions to Attitudinal Research." *Public Opinion Quarterly* 24:205–23.

Jenkins, J. R.; Barksdale, A.; and Clinton, L. 1978. "Improving Reading Comprehension and Oral Reading: Generalization across Behaviors, Settings and Time." *Journal of Learning Disabilities* 11:607–17.

Jenkins, J. R., and Mayhall, W. F. 1976. "Development and Evaluation of a Resource Teacher Program." *Exceptional Children* 42:19–21.

Johnson, A. B., and Cartwright, C. A. 1979. "The Roles of Information and Experience in Improving Teachers' Knowledge and Attitudes about Mainstreaming." *Journal of Special Education* 13:453–61.

Jones, L. J.; Gottlieb, J.; Gusklin, S.; and Yashida, R. 1978. "Evaluating Mainstreaming Programs: Models, Caveats, Considerations and Guidelines." *Exceptional Children* 44:588–600.

Jones, L. J., and Guskin, S. 1984. *Attitudes and Attitude Change*. Reston, Va.: Council for Exceptional Children.

Jones, R. L. 1974. "The Hierarchical Structure of Attitudes toward the Exceptional." *Exceptional Children* 40:430–35.

Jordan, J. E. 1968. *Attitudes toward Education and Physically Disabled Persons in Eleven Nations*. Lansing: Michigan State University, Latin American Studies Center.

Jordan, J. E., and Proctor, D. I. 1969. "Relationship between Knowledge of Exceptional Children, Kind and Amount of Experience with Them and Teacher Attitude toward Their Classroom Integration." *Journal of Special Education* 3:433–39.

Kaplan, M., and Chancy, B. 1977. "School Psychological Services." *Journal of School Psychology* 15:15–80.

Kazdin, A. E. 1973. "Issues in Behavior Modification with the Mentally Retarded." *American Journal of Mental Deficiency* 78:134–40.

Kearney, N. C., and Roccio, P. D. 1956. "The Effect of Teacher Education on Teacher Attitudes." *Journal of Educational Research* 49:703–8.

Keogh, B. K.; Tehir, D.; and Windermuth-Behn, A. 1974. "A Teacher's Perception of Educationally High Risk Children." *Journal of Learning Disabilities* 7:367–74.

Kleck, R.; Ono, H.; and Hastorf, A. 1966. "The Effects of Physical Deviancy on Face to Face Interaction." *Human Relations* 19:425–36.

Koegel, R. L., and Rincover, A. 1974. "Treatment of Psychotic Children in a Classroom Environment: Learning in a Large Group." *Journal of Applied Behavior Analysis* 7:45–59.

Kreider, P. E. 1967. "The Social-Psychological Nature and Determinants of Attitudes toward Education and toward Physically Disabled Persons in Belgium, Denmark, England, France, the Netherlands and Yugoslavia." Dissertation Abstracts International, 28(5-A), 1679–1680. Ann Arbor: University Microfilms International.

Kvaraceus, W. C. 1956. "Acceptance, Rejection and Exceptionality." *Exceptional Children* 22:328–31.

Lapp, E. R. 1957. "A Study of the Social Adjustment of Slow-Learning Children Who Were Assigned Part-Time to Regular Classes." *American Journal of Mental Deficiency* 62:254–62.

Larrivee, B. 1981. "Effect of Inservice Training Intensity on Teachers' Attitudes toward Mainstreaming." *Exceptional Children* 48:34–39.

Larrivee, B., and Cook, L. 1979. "Mainstreaming: A Study of the Variables Affecting Teacher Attitudes." *Journal of Special Education* 13:315–24.

Larsen, S., and Ehly, S. 1978. "Teacher-Student Interactions: A Factor in Handicapping Conditions." *Academic Therapy* 13:267–76.

Lazar, A. L.; Orpet, R.; and Demos, G. 1976. "The Impact of Class Instruction on Changing Student Attitudes." *Rehabilitation Counseling Bulletin.* 20:66–68.

Lovitt, E. R. 1974. "Teacher Acceptance of Classroom Integration of Children with Learning Disabilities." Ph.D. diss., Arizona State University.

MacMillan, D. L.; Jones, R. L.; and Meyers, C. E. 1976. "Mainstreaming the Mildly Retarded: Some Questions, Cautions and Guidelines." *Mental Retardation* 14:3–10.

Macy, D. J., and Carter, J. L. 1978. "Comparison of a Mainstreamed and Self-contained Special Education Program." *Journal of Special Education* 12:303–13.

Mandell, C. J., and Strain, P. S. 1978. "An Analysis of Factors Related to the Attitudes of Regular Classroom Teachers toward Mainstreaming Mildly Handicapped Children." *Contemporary Educational Psychology* 3:154–62.

Martin, E. W. 1976. "Integration of the Handicapped Child into Regular Schools." *Minnesota Education* 2:4.

Martin, R. 1979. *Educating Handicapped Children, the Legal Mandate.* Champaign, Ill.: Research Press.

Meyers, J. 1981. "Mental Health Consultation." In *Advances in School Psychology,* edited by T. R. Kratochwill. Vol. 1. Hillsdale, N.Y.: Erlbaum.

Miller, T. L., and Sabatino, D. A. 1978. "An Evaluation of the Teacher Consultant Model as an Approach to Mainstreaming." *Exceptional Children* 45:86–91.

Mitchell, M. M. 1976. "Teacher Attitudes." *High School Journal* 59:302–12.

Moore, J., and Fine, M. J. 1978. "Regular and Special Class Teachers: Perceptions of Normal and Exceptional Children and Their Attitudes toward Mainstreaming." *Psychology in the Schools* 15:253–59.

Morris, P. S., and McCauley, R. W. 1977. "Placement of Handicapped Children by Canadian Mainstreaming Administrators and Teachers: A Rucker Gable Survey." Paper presented at the 55th annual international convention of the Council for Exceptional Children, Atlanta, April 11–15.

Murphy, A.; Dickstein, J.; and Dripps, E. 1960. "Acceptance, Rejection and the Hearing Handicapped." *Volta Review* 6:208–11.

Page, D. P., and Edwards, R. 1978. "Behavior Change Strategies for Reducing Disclassroom Behavior." *Psychology in the Schools* 15:413–19.

Palardy, J. 1969. "For Johnny's Reading Sake." *Reading Teacher* 22:720–24.

Panda, K. C., and Bartel, N. R. 1972. "Teacher Perceptions of Exceptional Children." *Journal of Special Education* 6:261–66.

Parish, T. S.; Eads, G. M.; Reece, N. H.; and Piscitallo, M. A. 1977. "Assessment and Attempted Modification of Teachers' Attitudes toward Handicapped Children." *Perceptual and Motor Skills* 44:540–42.

Paul, J. L.; Turnbull, A. P.; and Cruickshank, W. M. 1980. *Mainstreaming: A Practical Guide.* Syracuse: Syracuse University Press.

Perry, H. L. 1980. "The Effect of Special Education Supportive Service on Teacher Attitudes toward Regular Class Integration of Mildly Handicapped Children." Dissertation Abstracts International, 40 (9A), 5003–5004. Ann Arbor: University Microfilms International.

Purkey, W. 1978. *Inviting School Success*. Beltmont, Calif.: Wadsworth Publishing.

Reich, C.; Hambleton, D.; and Houldin, B. K. 1977. "The Integration of Hearing Impaired Children in Regular Classrooms." *American Annals of the Deaf* 122:534–43.

Reynolds, W. M., and Greco, V. 1979. "Classroom Teachers' Attitudes toward Mainstreaming." Paper presented at the American Educational Research Association annual meeting, San Francisco, April.

———. 1980. "The Reliability and Factorial Validity of a Scale for Measuring Teachers' Attitudes toward Mainstreaming." *Educational and Psychological Measurement* 40:463–68.

Richardson, S. A.; Goodman, N.; Hastorf, A. H.; and Dornbusch, S. M. 1961. "Cultural Uniformity in Reaction to Physical Disabilities." *American Sociological Review* 26:241–47.

Rist, R. 1970. "Student Social Class and Teacher Expectations: The Self-fulfilling Prophecy in Ghetto Education." *Harvard Educational Review* 40:411–51.

Ritter, D. R. 1978. "Surviving in the Regular Classroom: A Follow-up of Mainstreamed Children with Learning Disabilities." *Journal of School Psychology* 16:253–56.

Rosenthal, R., and Fode, K. 1963. "Psychology of the Scientist." Pt. 5. "Three Experiments in Experimenter Bias." *Psychological Reports* 12:491–511.

Rosenthal, R., and Jacobson, L. 1966. "Teachers' Expectancies: Determiners of Pupils' IQ Gains." *Psychological Report* 19:113–18.

———. 1968. "Teacher Expectations for the Disabled." *Scientific American* 218:19–23.

———, eds. 1968. *Pygmalion in the Classroom: Teacher Expectation and Pupil's Intellectual Development*. New York: Holt, Rinehart and Winston.

Russo, D. C., and Koegel, R. L. 1977. "A Model for Integrating an Autistic Child into a Normal Public School Classroom." *Journal of Applied Behavior Analysis* 10:30–41.

Sherif, M., and Hovland, C. 1961. *Social Adjustment: Assimilation and Contrast Effects in Communication and Attitudinal Change*. New Haven: Yale University Press.

Shotel, J. R.; Iano, R. L.; and McGettigan, J. F. 1972. "Teacher Attitude Associated with the Integration of Handicapped Children." *Exceptional Children* 38:677–83.

Sigler, G. R., and Lazar, A. L. 1976. *Prediction of Teacher Attitudes toward Handicapped Individuals*. ERIC Document Reproduction Service No. ED 125 235. Alexandria, Va.: ERIC.

Silberman, M. L. 1969. "Behavioral Expression of Teacher Attitudes toward Elementary Students." *Journal of Educational Psychology* 60:402–7.

Siller, J. 1963. "Reactions to Physical Disability." *Rehabilitation Counseling Bulletin* 7:12–16.

Smart, R.; Wilton, K.; and Keeling, B. 1980. "Teacher Factors and Special Class Placement." *Journal of Special Education* 14:217–29.

Snow, R. 1969. "Unfinished Pygmalion." *Contemporary Psychology* 14:197–99.

———. 1973. "Teachers' Education and Teachers' Attitudes toward Children and Learning." *Elementary School Journal* 3:38–43.

Stephens, T. M., and Braun, B. L. 1980. "Measures of Regular Classroom Teachers' Attitudes toward Handicapped Children." *Exceptional Children* 46:292–94.

Suchman, E. A. 1950. "The Intensity Component in Attitude and Opinion Research." In *Measurement and Prediction*, edited by S. A. Stouffer. Princeton: Princeton University Press.

Triandis, H. C. 1971. *Attitude and Attitude Change*. New York: John Wiley.

Tringo, J. L. 1970. "The Hierarchy of Preferences toward Disability Groups." *Journal of Special Education* 4:295–306.

Vacc, N. C., and Kirst, N. 1977. "Emotionally Disturbed Children and Regular Classroom Teachers." *Elementary School Journal* 77:309–17.

Warrent, S. A.; Turner, D. R.; and Brody, D. S. 1967. "Can Education Students' Attitudes towards the Retarded Be Changed?" *Mental Retardation* 8:230–33.

Wechsler, J.; Suárez, L.; and McFadden, R. 1975. "Teachers' Attitudes toward the Education of Physically Handicapped Children: Implications for the Implementation of Massachusetts Chapter 766." *Journal of Education* 157:17–24.

Yap, K. 1977. "Teachers' Education and Teachers' Attitudes toward Children and Learning." *Elementary School Journal* 3:38–43.

Yucker, H. E. 1965. "Attitudes as Determinants of Behavior." *Journal of Rehabilitation* 31:15–17.

Yucker, H. E.; Block, J. R.; and Young, J. H. 1966. *The Measurement of Attitudes toward Disabled Persons*. Rehabilitation Series Report no. 3. Alberton, N.Y.: Human Resources Center.

Teachers' Attitudes toward Mainstreaming Handicapped Children in Spain

Francisco Alberto Chueca y Mora, Ph.D.

Contents

1. Mainstreaming as a U.S. and International Issue 113
2. Analysis of Attitudes: Elements of the Study 121
3. Methods and Procedures 141
4. Presentation of the Results 145
5. Summary 163
   Appendix 173
   Bibliography 177

CHAPTER 1
Mainstreaming as a U.S. and International Issue

Since the implementation in the United States of the Education for All Handicapped Act of 1975 (P.L. 94-142), Special Education services have become very much a part of the everyday school program. With over four million Special Education students with physical, mental, and emotional disabilities enrolled in the school system, the issue of mainstreaming the Special Education student into the regular school program when appropriate is extremely important.

Along with the United States, many countries in Europe have started to implement programs of integration for the special student. Norway, Sweden, Denmark, England, and Germany are among these countries. Mainstreaming has become, during the last ten years, an international issue. At present the emphasis is clearly away from self-contained practices as the primary form of Special Education service. During this last decade there has been an attempt to place handicapped children in settings where they will receive the fullest measure of educational resources. For many years, the major response of public schools and societies to the needs of handicapped people had been characterized by an out-of-sight, out-of-mind philosophy. Today litigation and legislation have been instrumental in the establishment of programs for integration of mildly handicapped students into regular classes in the United States and many European countries. For certain mildly handicapped students, both academic and social advantages have been associated with such placement.

Many educators are moving uncritically toward mainstreaming and are failing to recognize the barriers that must first be overcome. It cannot be denied that prejudice toward the handicapped does exist, and we must deal with that prejudice (Martin 1976). Although much has been written about the skills and competencies needed to teach the handicapped in mainstreamed settings, little has been said about attitudes and perceptions of educators toward the handicapped and toward the mainstreaming process.

Attitudes toward Integration: Important Variables

There is reason to believe that attitudes of educators toward mainstreaming are important. The attitudes of regular classroom teachers have been found to affect treatment of students (Good and Brophy 1972; Silberman 1969), and those attitudes could be crucial to the success or failure of mainstreaming. The possibility that attitudes held by the teacher can become self-fulfilling prophecies is discussed by Mitchell (1976). The conclusion of her review proposed that in certain circumstances expectations founded on attitude rather than fact can adversely affect a student's academic or social behavior. A wide variety of useful studies, although conducted with instruments lacking adequate reliability, validity, or norms, has raised serious questions about the effect of teacher attitudes on teaching exceptional students (Anthony 1972; Combs and Harper 1967; Haring, Stern, and Cruickshank 1958; Kearney and Roccio 1956; Murphy, Dickstein, and Dripps 1960; Panda and Bartel 1972). While the literature reflects a high current interest toward mainstreaming and related issues, there are little hard data on educators' attitudes toward mainstreaming.

Teachers' attitudes and expectations can positively or adversely affect student achievement, teacher behavior, and student behavior. The idea that individuals will view themselves and behave in a manner consistent with the expressed attitudes of significant others is supported in the literature (Behling 1981; Brophy and Good 1974; Brophy 1979; Dworkin 1979; Good 1981; Purkey 1978). These expressed attitudes are demonstrated through such behaviors as expectations, encouragements, attentiveness, and evaluations. Purkey (1978, 2) stated that the influence of the expressed attitudes of others has made the difference between whether the individual sees himself as "responsible, capable, and valuable or irresponsible, incapable and worthless." Others' attitudes, then, contribute to individuals' perceptions of their self-worth, and these perceptions are manifested in the individuals' behavior. Purkey (1978) concluded that these self-perceptions are basic ingredients in an individual's success or failure.

As part of his research Behling (1981) investigated the research dealing with teacher expectations and concluded that the teachers' expectations for students are reflected in the students' achievement levels. The importance of teachers' possessing positive attitudes toward their students is, thus, supported. Good (1981, 417) concluded, on the basis of his research concerning teacher expectation, that teachers behave differently toward different students. Good stated the following:

> This differentiating behavior affects and, over time will shape students' self-concept, achievement motivation, and levels of aspiration. High-expectation students will be led to achieve at high levels; low-expectation students' achievement and behavior will conform more and more closely to teachers' expectations.

As the previous authors mentioned, in and of themselves such expectations are neither good nor bad. Their potential for positively or adversely affecting students' achievement and behavior, however, is determined not by their presence or absence, but by their accuracy, flexibility, and responsiveness in regard to the student. The teacher or administrator who perceives correctly a student's potential or capability will probably have realistic attitudes and expectations. While the crux of the matter regarding the student depends, in part, on whether the teacher expectations were right or wrong, a more important issue concerns the flexibility and adaptability of the teachers to adjust their response based on new information. Because of the understanding of the connection between teachers' attitudes and students' achievement, methods for measuring the attitudes of teachers and the variables that affect these attitudes have been studied. This attitude measurement is important to the development of an understanding of the effectiveness of the present mainstreaming movement and the needs of the regular classroom teachers in providing an appropriate educational experience for handicapped students.

Attitudes and expectations become more crucial if they become self-fulfilling prophecies, that is, when they produce the very condition or behavior erroneously believed to exist. Several writers have addressed themselves to this topic (Foster, Ysseldyke, and Reese 1975; Good and Brophy 1972; Larsen and Ehly 1978; Rosenthal and Fode 1963). Rosenthal and Jacobson (1968) were among the first to research the effect of teachers' attitudes, as exemplified through their expectations, on the performance level of children. Their findings suggest that students achieve to the level expected by the teacher. In their study, they administered tests to elementary students, labeling one group "superior" though there were no significant differences in scores between students. Teachers were told to expect significant gains in achievement during the year from the "superior" group. The study findings indicated significant gains in the "superior" group, thus leading the researchers to conclude that teachers' expectations were the cause of the students' achievement gains.

Though there has been a great deal of controversy over the data presented by Rosenthal and Jacobson (1968) (Clairborn 1969; Good 1981; Snow 1969), considerable interest concerning the effect of teachers' attitudes on student performance has been generated and has led to additional research investigating the effect of this variable.

Good (1981) reviewed a decade of research on the effect of teachers' expectations on student achievement and concluded that teachers' expectations are mirrored in the students' perceptions of their abilities and ultimately in their actual achievement. The question of whether the students create the teachers' expectations via their behavior or whether teachers create the students' behavior via their expectations, remains unanswered to date. Good (1981, 417) concurred with Cooper (1979) on this issue, and added that

> at minimum, teachers' expectations and the subsequent behavior sustain differences in student performance levels, even if they do not create them.

Yap (1977, 38) stated the following:

Teachers are perhaps the most potent influence on behavior and learning. Pupils are influenced by teachers' behavior, teachers' expectations, and teachers' attitudes toward children. . . . The evidence is ample that teachers' attitudes toward children significantly influence their behavior and social interaction in the classroom.

Jones et al. (1978) stated that data concerning the attitudes of teachers, among others, need to be collected to gain an understanding of the true impact of mainstreaming. Measurement of these attitudes, collected by attitude questionnaires, interviews, and observations, are appropriate and necessary. The need to understand the present teachers' attitudes, the selected variables that may affect these attitudes, and the predictive validity of these attitudes are of importance.

The effect of attitudes in the mainstreaming process can be shown, then, to influence the skills to be developed, the content to be taught, and the environment in which an exceptional student finds himself. Also, since positive attitudes toward a handicapped child may facilitate the child's functioning and negative attitudes may compound the difficulties, familiarity with this area is particularly vital.

Spain on the Threshold of Mainstreaming

Starting in September of 1985, regular teachers in public schools in Spain were required for the first time in their history to mainstream mildly handicapped children. This movement toward mainstreaming has resulted largely from political, financial, and social pressures.

With the shift in the political system from a dictatorship to a democracy led by a Socialist government and with the popularly accepted new constitution in 1978, mainstreaming has become a right that no political party, much less the Socialist party now in power, would dare to question. From early on, the Socialist party has supported in its alternative educational programs the integration of the handicapped child in the regular school.

During the last few years mainstreaming has been cited so frequently that one might be led to think of it as a magic elixir rather than a particular orientation toward servicing the majority of the mildly handicapped. It has been treated as if full participation in regular education programs would overcome any adverse problems facing exceptional children.

In effect, some seem to see it as a panacea to all educational ills; some see it as a legal mandate from the present administration's legislation.

Clearly, regular educators will be called upon to meet new instructional and management challenges. The aspect of integration that has received minimal attention, as compared to administrative and organizational concerns, is the importance of the regular teachers' attitudes. While mainstreaming may be imposed by binding laws, the manner in which the classroom teacher responds to the needs of the special child may be a far more potent variable in ultimately determining the success of mainstreaming than any administrative or curricular strategy.

Proposal Summary

As previously mentioned, the success of any program designed to maximally integrate eligible handicapped students into regular classrooms may be largely dependent upon the attitudes of regular classroom teachers. To illustrate, it has been argued that teachers' attitudes may be transmitted to the child and that these, in turn, will influence the child's learning and/or social status among his/her peer group (Lapp 1957). Similarly Yucker (1965) found that the recognition of a disability evokes negative and rejecting attitudes toward the disabled that subsequently may lead to avoidance of the disabled person by the nondisabled. If Yucker's findings hold true for mainstreaming classrooms, one would expect regular classroom teachers to avoid children who are labeled as being handicapped. The pedagogical implications of this possibility are apparent. Thus, if mainstreaming is to be successful, teachers' attitudes toward working with mildly handicapped children would seem important to assess. Are all teachers equally willing to mainstream mildly handicapped children? It is the scope of this study to clarify, at least in part, these questions and to discover whether there are attitudinal differences toward mainstreaming among rural, urban, and suburban teachers with regard to age, sex, teaching field, certification level, years of professional experience, and Special Education courses taken. It is also the intention of this study to see if there are significant attitudinal differences between regular and Special Education teachers toward providing regular classroom instruction for handicapped children.

CHAPTER 2
Analysis of Attitudes: Elements of the Study

Components of Teacher Attitudes

The existing reviews on teacher attitudes focus on particular handicaps (Hart 1973), their general importance in society (Mitchell 1976), their origins and modifications, or include teachers' attitudes toward the handicapped along with those of other groups, including peers and parents. This section will attempt to look at the literature exploring the issue of teacher attitudes toward the handicapped across a variety of handicapping conditions rather than focusing on any single one.

Attitudes are frequently described as being composed of three components: (1) the cognitive component consisting of beliefs about a subject, (2) the affective component involving feelings of liking or disliking a subject, and (3) the behavioral component comprising a predisposition toward a particular action in regard to a subject. When these three components cluster around a single object and are relatively enduring, the phenomenon is described as attitude (Baron and Byrne 1977). For example, if a teacher has a negative attitude toward mental retardation, the teacher may dislike a mentally retarded child, believe the child is unable to learn, and refuse to individualize instruction for that child. Each of these components will be examined separately.

Cognitive Component

Educationally oriented research has focused on the attributes and characteristics teachers ascribe to particular handicapping conditions, with retardation, learning disabilities, and emotional disturbance receiving primary attention. The method has been to give teachers a list of characteristics and ask them to check those that apply to a particular handicap. Using this method, teachers believe retarded children are at a low level academically, are unable to work with abstractions or perform memory tasks, and are characterized as docile, trusting, and dependent (Keogh, Tehir, and Windermuth-Behn 1974; Moore and Fine 1978). In contrast, teachers view children who are emotionally disturbed as unmotivated to learn, unfriendly, impolite, dishonest, unhappy, aggressive, and in great need of professional help (Carroll and Repucci 1978; Casey 1978). Learning disabled children appear to have characteristics attributed to both the retarded and emotionally disturbed and are frequently described by teachers as aggressive, disruptive, angry, hostile, socially distant, frustrated, and at a low level academically (Bryan and McGrady 1972; Moore and Fine 1978). It appears that teachers do have strong conceptions of different kinds of exceptional children. However, beliefs about a wide variety of other conditions, such as hearing impairment and partial sightedness, have yet to be investigated. Unfortunately, for the most part, these conceptions have negative connotations. Since there is some research (Rist 1970; Rosenthal and Jacobson 1966) indicating that expectations have an effect on student learning and behavior, as mentioned before, the negative conceptions that teachers have of these handicapped children may have a detrimental effect on their functioning with these children.

Affective Component

While the affective component of attitude can be assessed through direct measurement of physiological responses, the existing research studies with teachers have used questionnaires. In a semantic differential paradigm, Hughes, Kauffman, and Wallace (1973) asked teachers to rate six labels that are commonly applied to handicapped children in schools. Teachers reacted most favorably to the terms learning disabled and educationally handicapped and most negatively to the emotionally disturbed and behaviorally disturbed labels.

On a separate dimension of the semantic differential, Panda and Bartel (1972) found that normal and gifted children were evaluated significantly more favorably than other exceptional children. Teachers responded more favorably to blind and deaf children than to other handicapped children. While physically impaired, mentally retarded, and speech impaired children evoked less positive feelings from teachers than the deaf and blind, they generated more positive feelings than epileptic children, culturally deprived children, emotionally maladjusted youths, and delinquent children.

Similar results have also been reported from studies utilizing the Personal Attributes Inventory, an instrument designed to measure affect by noting the number of negative adjectives selected as characteristics of the target group. On this instrument teachers reacted significantly more favorably to the physically handicapped than to the educably mentally retarded or learning disabled (Parish et al. 1977). In another study using the same instrument with a group composed of teachers, aides, and auxiliary personnel, the gifted evoked significantly more positive feelings than the normal, while the mentally retarded and severely handicapped were reacted to most negatively (Green, Kappes, and Parish 1979).

While there are differences in the specific results of these studies due to the different techniques, number of handicapping conditions investigated, and labels used, it does appear that teachers have more positive feelings toward certain kinds of exceptional children than toward others. Emotionally disturbed and mentally retarded children elicit consistently negative feelings while the gifted consistently elicit positive feelings.

Behavioral Component

The behavioral component of attitudes has been investigated through the use of social distance scales or behavioral preference rankings. The former method presents a continuum on which the respondent indicates what type of relationship he or she would be willing to enter into with a particular handicapped individual. Social relationships vary in degree of intimacy from very intimate (would marry) to very distant (would keep out of my country). Behavioral preference rankings require that teachers rank a list of labels or a series of descriptions of handicapped children from most to least preferred to teach. Both techniques assume that the respondents will behave and react in accordance with their stated intentions, thereby overlooking the role that social norms, pressures, habit, and/or situations have in modifying the behavioral intention.

A frequent and consistent finding has been that teachers, not unlike the general public, say they would interact closely with certain kinds of handicapped individuals, but not other kinds. Using a social distance scale, Harasymiw, Horne, and Lewis (1976) found that their sample of over two thousand people, including teachers, would prefer to interact most closely with physically handicapped individuals (diabetic, crippled), followed next by people with sensory handicaps (deaf, blind), then those with psychological disabilities (mentally retarded, mentally ill) and finally those with social problems (drug addict, ex-convict). Similar results were reported by Tringo (1970). People with physical disabilities were most acceptable to teachers for close interpersonal relationships, followed by the sensory disabled. Individuals with disabilities due to social problems were placed at the greatest social distance, indicating that teachers prefer not to interact with these individuals. This latter category appears to subsume the psychological and social conditions of Harasymiw, Horne, and Lewis (1976). On a social distance scale more directly applicable to teachers, requiring the respondents to indicate where a child would be placed in school with choices ranging from full-time in regular education (most intimate) to not suitable for public schools (least intimate), it has also been found that teachers placed emotionally disturbed children and learning disabled children in regular classes with resource room support, while mentally retarded children were placed in Special Education classes for the majority of the school day. Thus, these teachers were more willing to instruct emotionally disturbed and learning disabled children than retarded children.

The kinds of handicapped children that teachers would instruct has also been investigated through rankings. In a study by Murphy,

Dickstein, and Dripps (1960), teachers ranked the label of exceptionality from most to least preferable to teach as follows: gifted; emotionally impaired, physically handicapped, speech impaired (all equally ranked); slow learner; hearing impaired; visually impaired; and delinquent. Kvaraceus (1956) asked teachers to rank in order eight exceptionalities in terms of teaching preference. Again, the labels gifted, emotionally disturbed, and physically disabled were ranked high while mental retardation, blindness, and deafness were ranked low. A similar preference ranking was also obtained by Warrent, Turner, and Brody (1967).

Thus, there seems to be some consistency between types of disability and the social relationships that teachers would enter into with a disabled person. In addition, consistent relationships are found between types of handicap and the manner in which teachers prefer to instruct the child. With the general public Harasymiw, Horne, and Lewis (1976) have theorized that disabilities are ranked according to work ethic. Therefore, people who are deaf or crippled and presumably have a greater capacity for productivity are more likely to be able to enter into closer social relationships with normal people than individuals who are mentally retarded. This theory also seems applicable to schools. For teachers, productivity in school or the child's ability to achieve academically may be a key variable in determining whether or not teachers want a handicapped child in their own classroom. Those conditions falling toward the bottom of teachers' lists of teaching preferences include those conditions in which learning is impaired (e.g., retardation) or those in which specialized teaching techniques or materials are necessary for the child to progress academically (e.g., blind).

General Conclusions

The degree of congruence between the cognitive, affective, and behavioral components of teacher attitudes toward the handicapped is difficult to evaluate especially since researchers have used different labels and/or descriptions to elicit reactions. However, it does appear that there may not be much congruence among these components. For example, emotionally disturbed children elicited negative feelings and had many negative adjectives attached to them but were ranked relatively high in terms of teaching preferences. Similarly, the deaf and blind rank low in teaching preference, but evoke somewhat positive feelings. Research assessing and comparing all three components of teacher attitudes toward common handicapping conditions is needed to clarify the relationship.

Unfortunately, there is little research that demonstrates the precise ways in which teacher attitudes toward the handicapped manifest themselves in behavior toward these children. However, research on interactions between handicapped and nonhandicapped adults indicates that the nonhandicapped try to avoid or shorten these interactions, behave in a tense constrained manner (e.g., little eye contact, few body movements), and hold the handicapped responsible for errors made while working together on a task (Farina and Rink 1965; Kleck, Ono, and Hastorf 1966; Richardson et al. 1961). Although their studies did not focus on the handicapped, Good and Brophy (1972) found that teachers tended to avoid public interactions with students they preferred not to have in their classrooms, moving away from them or calling on other students when they did not immediately respond to a question. Using these findings as a basis, it is possible that the interactions between a teacher and handicapped child would show similar strains, leading to such negative effects on the child as lowered self-concept and self-expectation as well as reduced academic achievement, effects that may well further hinder the child from functioning adequately in the classroom.

Teacher Characteristics and Attitudes

A number of studies have addressed themselves to the issue of the relationship between certain teacher characteristics and attitudes toward the handicapped. In general two areas have been investigated: characteristics directly associated with teaching, such as grade level taught or knowledge of handicapped children, and characteristics related to the individual teacher, such as age or personality. This section will attempt to summarize the research related to these characteristics and to point out the implications of the findings for integrating handicapped children into the regular educational classroom.

Grade Level

Difference in teacher attitude toward the handicapped as a function of grade level taught is an area that several researchers have investigated. Elementary teachers were shown to hold more positive attitudes than secondary teachers (Morris and McCauley, 1977). In this study, elementary teachers tended to place handicapped children in instructional programs closer to the mainstream. Stephens and Braun (1980) also found that elementary teachers (through sixth grade) were more willing to integrate handicapped students than were seventh and eighth grade teachers. However, when using the Attitude Toward Disabled Persons Scale, Sigler and Lazar (1976) did not find a relationship between grade level and beliefs about the handicapped.

Since the Sigler and Lazar (1976) research focused on beliefs and the Morris and McCauley (1977) and Stephens and Braun (1980) studies dealt with intended behavior, it is possible that teachers at different levels have similar beliefs about handicapped persons but differ in their willingness to teach the handicapped. One explanation for this difference is secondary school teachers' curricular orientation and the large number of students they instruct each day, factors that may make integrating handicapped students into regular education classes, where some individualization may be necessary, much more difficult than it would be at an elementary school level. A further possibility is that this difference reflects the inappropriateness of mainstreaming handicapped children with severe deficits in cognitive functioning into academically difficult courses, when the students lack the cognitive abilities (i.e., Piaget's Formal Operations) necessary to master the material.

Knowledge

Considerable attention has been given to the relationship between knowledge about handicapped children and attitudes toward them.

Equating knowledge with college level courses about handicapped children, Jordan and Proctor (1969) found that teachers with extensive college credit in this area were more willing to teach handicapped children than teachers who had never taken such courses. Likewise, Stephens and Braun (1980) reported that for their sample of over nine hundred teachers, willingness to integrate handicapped children into regular classrooms increased as the number of Special Education courses increased. In addition, Mandell and Strain (1978) found that previous course work in Special Education or participation in in-service programs increased teachers' willingness to teach the mildly handicapped. Experimentally testing the effect of knowledge on attitudes of prospective teachers, Johnson and Cartwright (1979) found that information obtained in a course on handicapped children was as effective in improving the behavioral component of attitudes toward handicapped children as was a combination of information and experience with the handicapped.

Similar results are obtained when more subjective measures of knowledge are used. Murphy, Dickstein, and Dripps (1960) found that hearing impaired children were among the least preferred to teach, but also the group about which teachers said they knew the least. In addition, Kvaraceus (1956) found significant correlations between preferences for working with various kinds of handicapped children and stated knowledge about the condition. In the same vein, Smart, Wilton, and Keeling (1980) found that teachers who did not refer mentally retarded children for placement felt they had the knowledge to teach these children. There are some indications that teacher knowledge of appropriate teaching methods and materials for working with handicapped students also affected their level of acceptance (Lovitt 1974) by increasing their confidence and self-perceptions of competence to teach such children. Several studies found that the amount of resources and support, in the form of materials, services, and resource teachers, available for working with a handicapped child may also affect a teacher's willingness to accept the child in the classroom (California Teachers' Association 1977; Mandell and Strain 1978; Perry 1980).

While informational campaigns have not been particularly successful in improving the general public's attitude toward the handicapped persons (Yucker, Block, and Young 1966) it does appear that teachers who have more information about handicapping conditions are more willing to teach handicapped students. It seems, then, that school districts should take steps to see that less knowledgeable teachers have opportunities to acquire information about handicapped children either through intensive in-service training or through college courses offered in the school district. Furthermore, it seems imperative that when a regular education teacher has a handicapped child in the classroom, the school psychologist should ensure that the teacher has accurate and appropriate information about the child's condition.

Contact

Several researchers have investigated attitudes as a function of contact or experience with handicapped individuals. Panda and Bartel (1972) surveyed teachers with and without experience with handicapped children. Using a semantic differential, these researchers failed to find a significant difference between the groups on the affective components of attitudes toward the handicapped. In terms of beliefs, Conine (1969) found no significant differences in scores on the Attitude Toward Disabled Persons Scale (Form O) for teachers who reported having a relationship with a disabled person and those who did not. In a similar vein, Combs and Harper (1967) did find a positive relationship between educators' preferences for working with various handicapping conditions. Larrivee's study (1981) supports the importance of increased experience and contact with exceptional children in connection with knowledge attainment and specific skill acquisition in the formation of more positive attitudes. Casey (1978) also found a significant relationship between educators' contact with the handicapped children and the perceived social acceptability of physically handicapped and emotionally disturbed children. However, no such relationship was found for the social acceptability of mentally retarded children. That experience with handicapped children can also lead to negative attitudes was demonstrated by Shotel, Iano, and McGettigan (1972). These researchers found that after a year's experience teaching handicapped children, regular education teachers were less willing to have these children in their classrooms.

Although experience with the handicapped appears to have an inconsistent relationship with all components of attitudes, such a conclusion may be erroneous. In these studies insufficient control was provided regarding the quality of the contact. That is, amount of contact time and conditions under which contact took place was not accounted for in these studies. Since other research (English 1977) has pointed out that positive contact or interaction can have a favorable impact on attitude, it may be that teachers who manifest positive attitudes are those who have had pleasant interaction with the handicapped. Conversely, those teachers with more negative attitudes may have been involved in interactions that were perceived as unpleasant. Support or special services personnel, particularly school psychologists, should maintain continuing contact with these teachers and provide needed consultation and support (Larrivee 1981).

Sex Differences

Whether women or men are more positive toward the handicapped is a question that has also been addressed. Several studies indicated that women have more positive attitudes toward handicapped children than men. For example, Conine (1969) found that female teachers scored significantly higher on the Attitudes Toward Disabled Person Scale (ATDP) than male teachers, indicating more positive beliefs about the handicapped. However, nonsignificant differences between women and men were obtained by Sigler and Lazar (1976) using the Attitudes Toward Handicapped Individuals Scale (ATHI), a version of ATDP. Conflicting results also occur with the behavioral component. On a social distance scale Tringo (1970) found that females were more willing to interact with the handicapped than males. Conversely, Harasymiw and Horne (1975), also using a social distance scale, did not find any difference between men and women in their intended behavior toward individuals with different handicapping conditions.

Therefore, it appears premature to associate more positive beliefs or a greater willingness to interact with the handicapped with women and to place handicapped children with female teachers more often than with males. When differences do occur, as Yucker (Yucker, Block, and Young 1966) points out, they should be attributed to the influence of other variables, such as information or contact.

Age of Teacher

Teacher age has also been investigated as a critical variable in attitudes toward the handicapped. Using the ATDP, neither Sigler and Lazar (1976) nor Conine (1969) were able to demonstrate a significant relationship between the age of the teacher and beliefs about the handicapped. In addition, teachers of different ages in Casey's (1978) study used similar adjectives to describe them. While Harasymiw and Horne (1975) did find that younger teachers were more willing to interact with the handicapped, Hughes, Kauffman, and Wallace (1973) found that older teachers were more positive in their feelings.

Given these conflicting results, the most prudent conclusion is that age itself is not related to differences in attitude and that again differences should be attributed to other variables. Thus, there is little reason to consider the age of a teacher as an isolated factor when placing handicapped children.

Personality

Other researchers have investigated the relationship between personality variables and attitudes toward the handicapped. Siller (1963) concluded that acceptance of the disabled is based on such personality characteristics as ego strength, security, and affiliation, while rejection was related to such variables as anxiety, hostility, and rigidity. Similarly, Stephens and Braun (1980) found that teachers' confidence in their ability to educate handicapped children was strongly predictive of their willingness to have a handicapped child in their classroom. On the other hand, a generalized personality trait such as social adjustment did not relate to the acceptance of the handicapped in teachers in training (Lazar, Orpet, and Demos 1976). Nor was locus of control or degree of self-esteem predictive of scores on the ATHI for 139 regular and Special Education teachers (Sigler and Lazar 1976). Because personality variables and attitudes have not yet been widely investigated with teachers, firm conclusions are difficult to draw. However, it does appear that handicapped children will be most positively received by teachers who are confident in their teaching ability and believe they can handle these children.

In summary then, there is a relationship between some teacher characteristics and certain components of attitudes toward the handicapped. First, elementary school teachers are more willing to teach exceptional children than are teachers at the secondary level. Second, teachers who are more knowledgeable about handicapped children are more willing to have these children integrated into their classrooms.

Unfortunately, none of the research in this area has investigated the relationship between teacher characteristics and more than one component of attitude. For example, a number of studies have found a positive relationship between knowledge of the handicapped and willingness to teach these children. However, the question of whether knowledge is also positively related to beliefs about or feelings toward the handicapped remains unanswered. Consequently, future research ought to explore the relationship between teacher characteristics and all components of attitude toward specific handicapping conditions.

Conclusions and Implications

It appears that teachers, like the general public, are not overwhelmingly positive in their attitude toward the handicapped. Indeed, while there is some variation among conditions, in general teachers seem to have negative beliefs about and feelings toward these children as well as being somewhat reluctant to enter into teaching relationships with them. It also appears that grade level taught, degree of knowledge, and amount of self-confidence all seem to be key variables in determining teachers' attitudes. It seems probable that handicapped children will experience the most positive attitudes in the primary grades when they are placed with teachers who are confident about their ability to teach and knowledgeable about the child's condition. However, many of the studies attempting to relate teacher attitude toward the practice of mainstreaming to teacher-related variables such as sex, age, level of education, years of teaching experience, and number of courses in Special Education reveal inconsistent findings (Harasymiw and Horne 1976; Mandell and Strain 1978).

If teacher attitudes influence the attitudes of the children whom they teach, research on methods for modifying attitudes should be done. Unfortunately, the extant research on changing teachers' attitudes is conflicting and offers little in the way of firmly tested and replicated procedures to alter attitudes in this area (Donaldson 1980). Haring, Stern, and Cruickshank (1958, 13) suggested "the use of instruction in some form or another as a means for modifying attitudes."

The apparent lack of conclusive results relative to defining the salient variables related to teacher attitudes toward mainstreaming can be at least partially explained by methodological weaknesses in the studies conducted. A fundamental concern is the fact that the majority of the attitude instruments utilized lack basic psychometric properties of reliability and validity. The measures have been developed with a minimal number of items without application of any formal scale construction, (e.g., Brooks and Bransford 1971; Shotel, Iano, and McGettigan 1972). Factors have been merely conceptualized without verification by factor analytical procedures (e.g., Deleo 1976; Vacc and Kirst 1977).

Furthermore, serious threats to the generalization of the results exist due to inadequate sampling and insufficient number of subjects. Several studies identified assessed the attitudes of fewer than one hundred teachers (e.g., Brooks and Bransford 1971; Mandell and Strain 1978). Generally the samples studied represented a single school system, district, or county.

Also, the response bias of social desirability has in many cases not been controlled. When attitudes toward socially potent stimuli such as labels are measured, the response bias of social desirability has been shown to confound results. (Reynolds and Grew 1980).

Instruments need to be developed that not only assess all three components of an attitude but also apply to a variety of handicapping conditions. Further, these instruments need to have adequate reliability and validity. Given the very human tendency to respond with socially desirable feelings, beliefs, and behavioral intentions, validation of future instruments seems particularly important.

Attention should also be directed at the ways in which the instruments assess attitudes. Some studies asked teachers to react to a label such as "mentally retarded." Such a procedure overlooks the possibility that many teachers may not know what the label means or attribute different characteristics to the label, thereby confounding the results. In the latter instance teachers may be reacting to very diverse characteristics. For example, one teacher while reacting to the label "mentally retarded" may conceive of the mentally retarded child as being quite immature and academically much slower than his or her peers while other teachers may conceive of the same mentally retarded child as being totally helpless and unable to speak. Other studies use descriptions of the handicap that would fit a particular label. While assuring that teachers are reacting to a uniform stimulus, such a procedure overlooks the fact that many different behaviors and characteristics may be subsumed under one label. Consequently, the generalizability of the findings may be limited. Future research might profitably explore the differences and/or similarities in attitudes evoked by labels versus descriptions.

In exploring this area most investigators have also made the assumption that all children with a particular handicapping condition are identical. Such a stance belies the potentially interactive nature of the characteristics of children with those of their teachers and assumes that the handicapped child's sex, race, socioeconomic status, academic level, and severity of condition do not interact with teacher characteristics to determine attitudes.

In conclusion, it seems that recent investigations have provided important information regarding some ways in which those concerned with education of the handicapped may facilitate the process.

In the design and interpretation of future research, however, it would be important to consider—in somewhat greater detail than previously done—such issues as characteristics of the teacher, characteristics of the child, and the technical aspects of instrumentation.

The Educational Attitude Survey

The literature, including compilation of measurement reviews, reveals that, in most instances, instruments used to measure attitudes related to mainstreaming have been designed for specific activities without regard for formal validation procedures (Glicking and Theobald 1975; Moore and Fine 1978; Shotel, Iano, and McGettigan 1972; Vacc and Kirst 1977; Wechsler, Suárez, and McFadden 1975). In other studies, instruments either contained items that did not appear to meet criteria for attitudinal statements (Harasymiw and Horne 1976) or presented validation evidence that seemed insufficient (Jordan and Proctor 1969).

A need is seen for an instrument to measure attitudes toward mainstreaming so that a baseline of current attitudes may be established. The essential characteristics of the instrument should be adequate reliability and validity, ease of administration, and brevity of time required.

The attitude survey to be used in this study, meeting these requirements, is a refined version of the Educational Attitude Survey (EAS) (Reynolds and Greco 1980), the major differences being: (1) increasing the number of items, (2) including additional questions to obtain demographic data, and (3) translating the survey into Spanish. The survey itself is given in the Appendix.

Statistical Analysis of the EAS

Reynolds and Greco (1980) report a principal factor analysis that yielded two factors with eigenvalues greater than 1–0. They made a preliminary rotation utilizing a varimax (orthogonal) solution that resulted in two subscales significantly related. An oblique rotation was also performed, because of the correlated nature of the factor that resulted in two interpretable factors. The first factor was interpreted to be an Administrative Aspects of Mainstreaming dimension (AAM) and consisted of seven items. The second factor, which was comprised of nine items, was identified as an Educational Aspects of Mainstreaming dimension (EAM). (Reynolds and Greco used ASM and ESM for their subscales.) Table 1 presents the coefficient alpha internal consistency reliability and test-retest reliability coefficients of the total EAS scale and subscales. The standard error of measurement (SEm) for each subscale and for the total EAS and the range of items with total scale correlations are also shown in the table.

These data provide evidence that the EAS is a highly reliable measure with three scores: an Administrative Aspects of Mainstreaming subscale, an Educational Aspects of Mainstreaming subscale, and a total EAS scale score.

Regarding issues of validity related to the EAS, Reynolds and Greco point out:

> As the items of the EAS are congruent with attitudinal aspects of mainstreaming, they, thus, meet minimum criteria of content validity.
>
> In addition, the average value of .52 for item to total score correlations, a measure of item validity (Hsu 1978) was of sufficient magnitude to support content validity.

TABLE 1. Internal Consistency and Test-Retest Reliability Coefficients of the EAS Scale

Scale	Internal Consistency[a]	Test-Retest[b]	Range of Item with Scale Correlations[c]	SEm
AAM	.83	.70	.49–.67	2.11
EAM	.86	.80	.45–.70	2.55
Total EAS	.90	.85	.38–.72	3.42

Source: Reynolds and Greco 1980.

[a] coefficient alpha

[b] A two-to-three-week interval was used.

[c] For subscales, correlations are for item with subscale total. Correlations are corrected for item redundancy.

The two factors obtained from the results of the oblique rotation demonstrate the factorial validity of EAS.

Cross-cultural Considerations in the Use of the
EAS in Spain

The survey used in this study was standardized and validated in the United States. In order to make sure that the survey could be objectively employed in Spain, it was necessary to take into account some cross-cultural considerations. The crucial cross-cultural methodological problems seem to be those of relevancy and equivalency.

Education and integration are assumed to be relevant concepts in both countries, especially since the research population does not contain illiterate sectors.

A primary problem in cross-cultural studies is how to obtain comparable input-stimuli, an aspect that may be subdivided into problems of translation and of availability of equivalent terms and concepts (Jacobson, Kumata, and Gullahorn 1960). This problem could probably be solved by making sure that the translation of the original scale into the language of the country where it is going to be administered is again translated back into the original language by different linguistic experts. Then this version can be compared with the original.

The problem of input-equivalence of concepts in cross-cultural studies would appear to be an aspect of the general problem of question bias. Suchman (1950) has explored the use of the measurement of the intensity of feeling (from strongly agree to strongly disagree) with which people hold to their attitudes or opinions as a way of surmounting differences due to nuances of differences in question-wording or bias.

An attitude is not directly observable but is inferred from the pattern of characteristics of the individual's reaction to a stimulus item. This characteristic pattern of reaction is revealed through some degree of acceptance of or preference for the stimulus item in question (Sherif and Hovland 1961).

The Israel Institute of Applied Social Research in using this approach to the study of "question bias" has commented that in Israel where sometimes a study must be done in up to twelve different languages, it is essential to use a technique that does not depend on question wording (Gutman 1954). As long as the EAS Scale accounts for these factors—relevancy, equivalency, and content respectability—the use of the scale seems to be justified.

Kreider (1967) conducted a study on the attitudes toward education and toward disabled persons in Belgium, Denmark, England, France, the Netherlands, and Yugoslavia, and found it justifiable to use the same scales in all the different countries: the Attitudes Toward Disabled Persons Scale, the Education Scale, and the Survey of Interpersonal Value, all of them constructed, standardized, and validated in the United States.

Gottlieb (1972) conducted a bicultural study of attitudes and behavior toward mentally retarded individuals in Norway and the United States and was not reluctant to use the same research instrument in both countries. The scale had only been validated and standardized in the United States.

Green (1983) of the Victoria University of Wellington, New Zealand, conducted a study of the attitudes toward mainstreaming in New Zealand. Although no measure has been constructed for use within New Zealand, an instrument entitled the Attitudes Toward Mainstreaming Scale (ATMS) (Berryman and Berryman 1980), which had been designed to assess teacher attitudes toward mainstreaming individuals with different handicaps in the United States, was found to be a good instrument also in New Zealand. A cross-validation sample similar to the development sample yielded results suggesting the scale to be a viable measure. Green (1983) provided cross-cultural validation evidence about the factorial structure, reliability, and correlates of the scale for samples of teachers in New Zealand.

Jordan (1968) conducted a study of the attitudes toward education and physically disabled persons in eleven nations as different as Peru, Yugoslavia, Japan, and Costa Rica. In his cross-cultural study he systematically used in all the different countries the same American standardized and validated attitude scales, like the Kerlinger's

Attitudes Toward Education or Yusquer's Attitudes Toward Disabled Persons scale. In spite of that, Levis Gutman, scientific director of the Israel Institute of Applied Social Research of Jerusalem, evaluated Jordan's study very positively (Gutman 1954).

The present study does not attempt to compare psychological issues between two or more cultures. If it were so, the implicit premise on which the comparison was based, namely, that any given psychological process is somehow woven into the culture, would not be forgotten. However, the intention of this study is more modest. It intends to provide a descriptive study of what teachers' perceptions toward mainstreaming are like in Spain, and, after a review of the literature, the use of an attitudinal scale developed and validated in the United States seems justifiable.

Also, given the linkage of socioeconomic factors with mental retardation in general and the provision of funds toward mainstreaming in particular, the quite similar socioeconomic systems in both countries seem to guarantee the appropriateness of the administration of the scale.

CHAPTER 3
Methods and Procedures

This study, concerned with the attitudes of teachers in Spain toward mainstreaming, was done with the cooperation of the Spanish Ministry of Education and Science and the Special Education National Institute, which administered the scales to the subjects.

The regions of Castilla and León, Extremadura, Asturias, La Mancha, Aragon, and Andalusia were chosen for the study population, and about two hundred fifty public schools were selected from this population. These regions were chosen because they represent all geographical and demographical areas of the country and are under the jurisdiction of the Spanish Ministry of Education.

Sample

Using a microcomputer, a random number generator was used to select a number of schools for each of the regions according to the following criteria: schools included had to contain kindergarten through eighth grades and had to represent rural, urban, and suburban areas in an equal proportion. One thousand two hundred and ten teachers were selected for the study. Of these 164 were Special Education certified teachers working in regular classrooms. Six hundred and sixty-three teachers responded to 3,000 questionnaires mailed by the Ministry of Education and 649 responded to a team of eight data collectors, who went to the school sites to pick up the data. A total of 1,312 teachers responded to the questionnaire. Of these 80 were excluded from the study, because they either did not answer more than two items of the questionnaire or had omitted some demographic data. Thirty-two scales arrived late, and could not be processed for analysis. In addition, 10 regular teachers were randomly selected to discuss their reactions to the items with a faculty member of a Spanish university.

Instrument

As mentioned before, the attitude scale used in this study that meets the requirements of adequate reliability and validity, ease of administration, and brevity of time required to complete, is a refined version of the Educational Attitude Survey (Reynolds and Greco 1980). In order to account for possible cross-cultural flaws of its validity, the content item of the scale was examined by five professors of educational psychology in Spain who evaluated it in accordance with the following criteria: relevance of content to the issue of attitudes toward mainstreaming and relevance of content related to cultural validity.

In addition, ten teachers were randomly selected to have two sessions with a professor of educational psychology in order to evaluate their reactions to the content of the items.

Both groups were asked to evaluate the validity of the scale. Their suggestions were taken into account, and as a result new items were added to the original scale. These items correspond to item numbers 17, 18, and 19 of the original scale (see the Appendix). Two additional questions (items 20 and 21) reflect the suggestions made by the professors. In addition, a new reliability test was performed on the Spanish version of the EAS. The scores provided by this new statistical procedure indicated a reliability of alpha = .9019.

The basic psychometric property of reliability was examined for

TABLE 2. Internal Consistency for the Original EAS Scales and for the Spanish Translation Scales

	Original Scale[a]	Spanish Scale[a]
AAM	.83	.8574
EAM	.86	.82602
Total EAS	.90	.9019

[a]coefficient alpha

the Spanish translation of the EAS used in this survey as a measure for assessing teachers' attitudes toward mainstreaming in Spain.

Coefficient alpha internal consistency reliability of the total EAS scale and subscales for the original and the Spanish translation scales are presented in table 2.

Data from the 1,210 Spanish teachers showed the EAS to be a highly reliable measure. Similiar coefficients were computed on the original scale as is shown in table 2.

The result of this analysis shows the EAS to be a useful instrument to measure teachers' attitudes toward mainstreaming.

The survey contains a five-point scale. Respondents were asked to circle the indicator that best reflected their feelings toward each statement. Weights were assigned based on whether each statement was a positive or negative statement. The higher the score the more positive the attitude.

Procedures

A packet was made for each of the Spanish schools selected for this study. In the packet were a cover letter to the building principal, letters to each of the teachers, attitude surveys, and return envelopes. The cover letter to the building principal or supervisor explained the study being conducted. The letter requested that the principal distribute to each teacher an attitude survey, a letter of explanation, and a self-addressed stamped envelope. The Special Education National Institute of the Spanish Ministry of Education was in charge of distributing the packets and administering the scale. The data was then collected by the author and analyzed at the University of California, Los Angeles (UCLA).

Data Analysis

All of the data collected in this survey were analyzed with descriptive, correlational, and differences analysis procedures. Person product-moment correlation, t-tests, and analysis of variance were also employed.

Frequency programs were used to compile the frequency distributions for every item. Inspection of the frequency data proved to be a useful step in selecting additional variables for analysis and gaining a clinical "feel" for the data.

Using the Statistical Package of Social Science (SPSS) program, a large amount of data can be included in one analysis. Separate analyses can be done for the total group and for any number of specified subgroups or divisions of the data. For each specified group (such as total female, male) a number of statistics can be used. Those that were used for each section in this research program are: means and standard deviations for each variable and the matrix of simple correlations between all variables.

T-tests were used to analyze the effect of having had Special Education courses on the attitudes toward mainstreaming, to investigate differences between regular classroom teachers and those certified as Special Education teachers, and also to see if there were significant differences between sexes and different grade levels (elementary and secondary).

A one-way analysis of variance was computed to analyze the data obtained relating to the location of the school and attitudes toward the mainstreaming process, age, years of teaching experience, and specialization.

To analyze the effect of time and knowledge in determining a less than positive attitude toward mainstreaming chi-square analysis was computed.

Correlation coefficients were computed between the two dimensions of the scale (the Administrative Aspects of Mainstreaming dimension and the Educational Aspects of Mainstreaming dimension).

CHAPTER 4
Presentation of the Results

In order to test if there are attitudinal differences toward mainstreaming among rural, urban, and suburban teachers with regard to the subgroup characteristics of age, sex, teaching field, grade level, years of experience, and Special Education courses taken, a number of analyses were computed.

First a correlation coefficient between the two dimensions of the scale was computed. The AAM and EAM subscales showed a correlation coefficient of .7236 as shown in table 3.

A one-way analysis of variance was conducted to test for significant difference (*a*) between each of the subscales, (*b*) the total scale, and (*c*) each of the selected variables (e.g., area [location] of the school, age level, years of experience, and specialization). A test of significance was used for all one-way analyses of variance with three or more levels that demonstrated a significant effect to determine which means were statistically different and which means were statistically equal. All significance tests were conducted utilizing the .01 percent of level of confidence and the .05 percent level of confidence.

T-tests were used to analyze the effect of sex and number of courses of Special Education taken on the attitudes of teachers toward mainstreaming, and also to see if there were significant differences between attitudes of Special Education certified teachers and regular classroom teachers. Chi-square was computed to analyze the effect of time and knowledge of Special Education in determining a less than positive attitude toward mainstreaming.

To prepare the data for analysis, the following were addressed:

1. the area was classified as (1) urban, (2) suburban, or (3) rural;
2. the sex of the teacher was identified as (1) male or (2) female;

TABLE 3. Pearson Correlation Coefficient

	EAM
AAM	.7236 (1,210) $p = .0001$

3. the age groups were grouped in four levels: (1) up to 25 years of age, (2) between 25 and 35, (3) between 35 and 45, and (4) older than 45;
4. the years of experience were grouped in four levels: (1) up to 1 year of experience, (2) between 2 and 5 years, (3) between 6 and 10, and (4) more than 10 years of experience;
5. the grade levels were divided into two groups: (1) grades kindergarten through 4 and (2) grades 5 through 8;
6. courses taken in Special Education responses were (1) yes or (2) no;
7. the specialization level was divided into (1) teachers certified in humanities, (2) in science, (3) in languages, (4) in kindergarten, and (5) in Special Education; and
8. the teaching category was given as (1) in Special Education or (2) in a regular classroom.

The number of responses, means, and standard deviations for the total sample classified by the eight variables are presented in table 4.

As can be seen in figure 1, those teachers who

1. were from suburban areas,
2. were younger than 35,
3. had between 1 and 5 years of professional experience,
4. were teaching elementary courses, and
5. had Special Education courses,

held the highest positive attitude toward teaching handicapped students in the regular classroom.

Whether the teacher is a man or a woman appears not to affect stated attitudes toward teaching handicapped students in regular

TABLE 4. Statistical Description of the Population

Variable	N	AAM	SD	EAM	SD	Total EAS	SD
Area							
1. Urban	372	19.91	(11.65)	26.09	(6.70)	46.00	(15.41)
2. Suburban	501	20.97	(6.76)	27.15	(7.23)	48.11	(13.04)
3. Rural	178	20.24	(4.97)	26.57	(6.72)	46.81	(10.89)
Sex							
1. Male	406	20.73	(6.26)	27.24	(6.82)	47.98	(12.13)
2. Female	801	20.50	(6.53)	26.93	(7.41)	47.43	(12.95)
Age							
1. <25	134	22.79	(5.44)	29.04	(7.01)	51.83	(11.45)
2. 25–35	462	21.94	(10.82)	28.45	(6.75)	50.39	(14.89)
3. 35–45	399	19.51	(16.21)	25.69	(12.10)	45.20	(27.70)
4. 45+	213	18.27	(6.32)	25.22	(7.41)	43.49	(12.59)
Years of Experience							
1. <1	81	22.75	(5.08)	30.23	(6.66)	52.98	(10.84)
2. 2–5	195	22.85	(14.83)	29.02	(6.54)	51.87	(17.74)
3. 6–10	287	21.77	(5.99)	26.30	(6.17)	48.07	(11.16)
4. 10+	644	19.09	(13.41)	25.48	(10.74)	44.57	(23.36)
Grade Level							
1. K–4	886	20.72	(6.67)	27.27	(7.44)	47.99	(13.16)
2. 5–8	324	20.13	(5.78)	26.34	(6.51)	46.48	(11.23)
Courses in Special Education							
1. Yes	312	23.18	(6.54)	29.69	(7.18)	52.87	(12.79)
2. No	895	19.68	(6.14)	26.11	(7.02)	45.79	(12.15)
Specialty							
1. Humanities	413	20.39	(6.46)	26.75	(7.16)	47.14	(12.82)
2. Sciences	323	19.96	(6.03)	26.17	(6.76)	46.13	(11.69)
3. Languages	188	19.88	(5.78)	26.39	(6.73)	46.27	(11.37)
4. Kindergarten	121	21.36	(6.33)	28.22	(7.14)	49.58	(12.52)
5. Special Education	163	22.41	(7.56)	29.34	(8.21)	51.75	(14.69)
Teaching Category							
1. Special Education	164	22.44	(7.508)	29.43	(8.17)	51.87	(14.59)
2. Regular Classroom	1,044	20.24	(6.199)	26.63	(6.98)	46.87	(12.21)

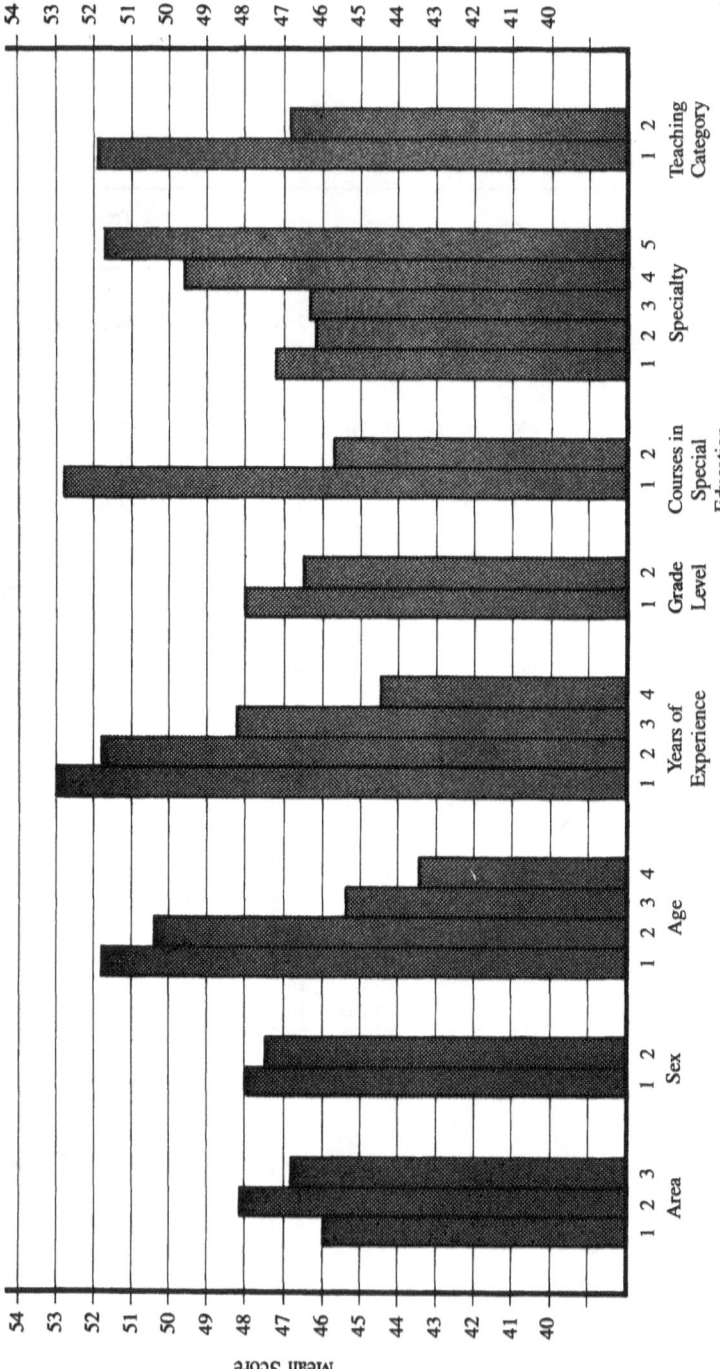

Fig. 1. Comparison of stated attitude mean scores of the EAS for the total sample, classified by variables (see table 4)

148

classrooms. Also, elementary teachers (teachers of K through 4) appear to have a slightly higher positive attitude (mean = 47.99) than do teachers of grades 5 through 8 (mean = 46.48).

In order to test if any of these differences are statistically significant, analysis of variance, t-tests, and chi-square will be presented for the following variables: area, sex, age, years of experience, grade level, Special Education courses taken, and specialty. A discussion of the findings will accompany the data analysis.

Area

The analysis of variance related to the location of the school on the dependent variable of the EAM score yielded a nonsignificant effect, $F(2,1048) = 2.492$, $p > .05$ (see table 5). The location had a significant effect on the dependent variable of the AAM, as analyzed by ANOVA, $F(2,1048) = 6.698$, $p = .01$ (see table 5).

The analysis of variance related to location of school (independent variable with three levels) on the dependent variable of the total scale of stated attitudes score yielded a significant effect, $F(2,1048) = 4.906$, $p < .01$ (see table 5).

The Scheffé and Tukey-HSD multiple comparison test yielded a significant difference at the .05 level between the mean scores of levels 2 and 1 (suburban schools and urban schools respectively). The mean scores between levels 1 and 3 (urban and rural respectively) and 3 and 2 (rural and suburban respectively), were determined to be statistically equal.

This result has to be specified, because the analysis of variance of the school location on the EAM subscale score yielded a nonsignificant effect, $F(2,1048) = 2.492$, $p < .083$. The reason the indepen-

TABLE 5. Analysis of Variance According to Area

Area	df	MS	F	Significance
AAM	2,1048	255.736	6.698	.01
EAM	2,1048	120.951	2.492	.08
Total EAS	2,1048	727.875	4.906	.008

dent variable has an effect on the total scale has to be understood as a compensation of the effect of that independent variable in the AAM. The one-way analysis of variance on this subscale score yielded a significant effect, $F(2,1048) = 6.698, p = .01$ (see table 5). Therefore there appears to be a relation between the location of the school and the stated attitudes of the teachers. This is due to the significance of the AAM on the attitudes of these teachers toward mainstreaming. The two interpreted factors indicating the measurement of AAM and EAM are congruent with the notion that mainstreaming is both process and product oriented (Reynolds and Greco 1980). In other words, because they differ so markedly on this aspect of mainstreaming (the administrative or process dimension) the difference between the three groups appears to be significant. *Hence, teachers in suburban locations show significantly better attitudes toward mainstreaming than do urban or rural teachers* (see fig. 2).

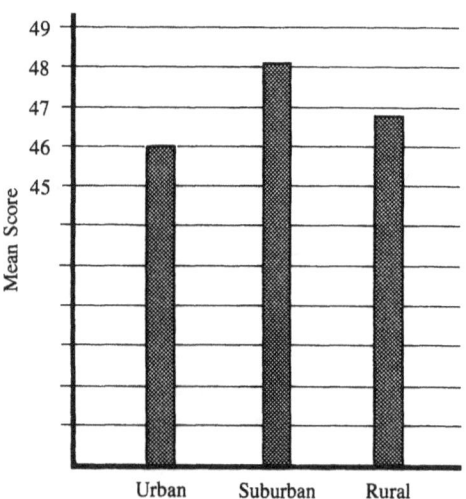

Fig. 2. Comparison of mean scores according to area

TABLE 6. T-test Analysis According to Sex

Sex	N	Mean	SD	t Value	Probability
AAM					
Male	406	20.7389	6.260	.59	.552
Female	801	20.5056	6.531		
EAM					
Male	406	27.2463	6.825	.72	.474
Female	801	26.9313	7.412		
Total EAS					
Male	406	47.9852	12.137	.71	.478
Female	801	47.4370	12.954		

Sex

Whether or not there were significant differences between the sexes on the stated attitudes of the teachers was examined by t-test. The result of the t-test is given in table 6.

The difference in mean scores for the groups by sex in any of the subscales and in the total scale yielded t-values so small that it cannot be stated that there are significant differences in the attitudes of the teachers. *There appears to be nonsignificant difference between women and men in their attitudes toward mainstreaming the handicapped child* (see fig. 3).

Age Level

The one-way analysis of variance pertaining to the age of the teachers (independent variable with four levels) on the dependent variable of stated attitude score, yielded a significant effect, $F(3,1204) = 26.219$, $p < .01$ (see table 7).

The Scheffé and Tukey-HSD multiple comparison test yielded a significant difference at .05 level between the mean scores of levels 2 and 4, 2 and 3, 1 and 4, and 1 and 3. The mean scores between levels 3 and 4 were determined to be statistically equal. Level 1 refers to teachers younger than 25, level 2 includes teachers between

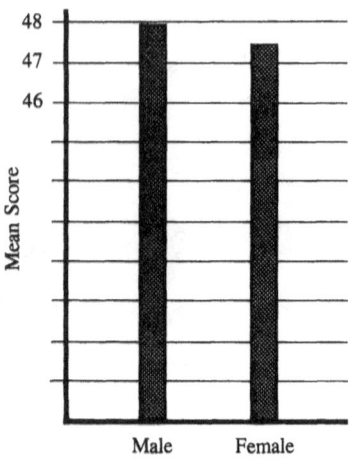

Fig. 3. Comparison of mean scores according to sex

25 and 35, level 3 teachers between 35 and 45, and level 4 includes teachers older than 45.

Figure 4 is a graphic representation of the mean scores of the teachers' four levels of age. As it can be seen in figure 4, teachers younger than 35 have higher mean scores than do older teachers. *The figure shows that the younger the teacher the more favorable the attitude.*

Years of Experience

The one-way analysis of variance of the years of experience (independent variable with four levels) on the dependent variable of stated

TABLE 7. Analysis of Variance According to Age Level

Age Level	df	MS	F	Significance
AAM	3,1204	1,035.213	26.577	.000
EAM	3,1204	962.213	19.323	.000
Total EAS	3,1204	3,965.683	26.219	.000

Presentation of the Results

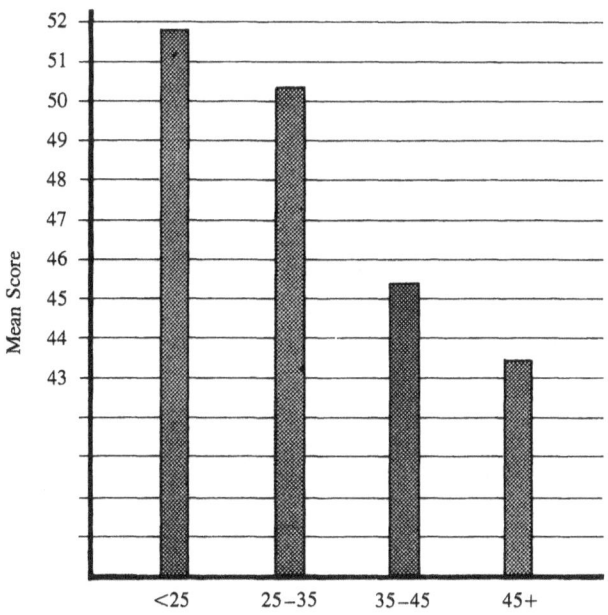

Fig. 4. Comparison of mean scores according to age level

attitudes score, yielded a significant effect, F (3,1203) = 30.135, $p < .01$ (see table 8).

The Scheffé and Tukey-HSD multiple comparison test yielded a significant difference at .05 level between the mean scores of levels 3 and 4, 2 and 4, and 1 and 4. The mean scores between levels 1 and 2, 2 and 3, and 1 and 3 were determined to be statistically equal. Level 1 refers to up to 1 year of experience, level 2 includes teachers with 2 to 5 years of experience, level 3 teachers with 6 to 10 years of

TABLE 8. Analysis of Variance According to Years of Experience

Years of Experience	df	MS	F	Significance
AAM	3,1203	1,074.642	27.637	.000
EAM	3,1203	1,202.67	24.430	.000
Total EAS	3,1203	4,519.28	30.135	.000

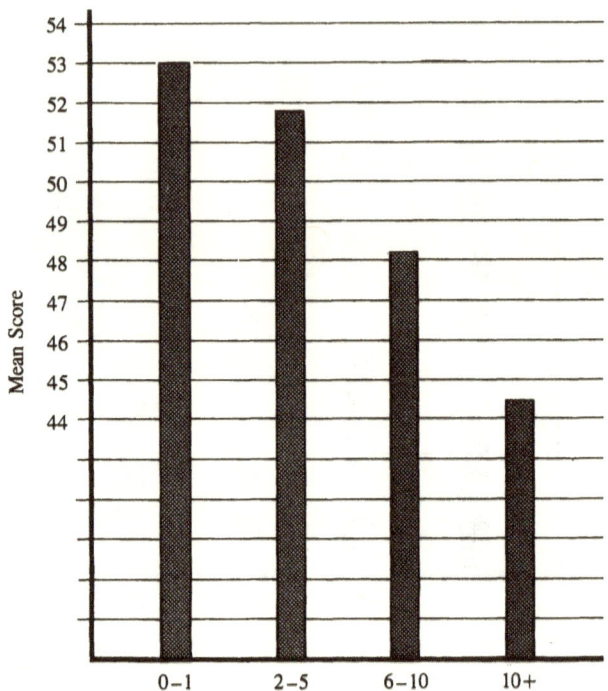

Fig. 5. Comparison of mean scores according to years of experience

experience, and level 4 teachers with more than 10 years of experience.

Figure 5 is a graphic presentation of the mean score of the four levels of teachers by years of experience, from 1 year or less to more than 10 years. *As can be seen in figure 5, the teachers with less than 5 years of experience show the better attitudes toward mainstreaming.* Significantly lower scores are shown by teachers with an experience of 6 to 10 years, and lowest by those with more than 10 years.

Grade Level

To examine the effect of the present teaching level on the stated attitudes of the teachers, it will be recalled that this variable was collapsed into two groups: (1) teachers who teach grades kinder-

TABLE 9. T-test Analysis According to Grade Level

Grade Level	N	Mean	SD	t Value	Probability
AAM					
K–4	886	20.72	6.67	1.40	.162
5–8	324	20.13	5.78		
EAM					
K–4	886	27.27	7.44	1.98	.048
5–8	324	26.34	6.51		
Total EAS					
K–4	886	47.99	13.160	1.84	.06
5–8	324	46.48	11.235		

garten through 4 and (2) teachers in grades 5 through 8. A t-test analysis was performed on the effect of grade level and the dependent variable of stated attitudes. The result of the t-test is given in table 9.

The difference in mean scores for the two groups on the total scale and the AAM of stated attitudes was so small that the t-values were not significant. However, as can be seen in table 9, the t-value for the EAM was significant at $p < .05$ ($p = .048$). There is a statistically significant difference between the two groups on the EAM. *Those who teach grades kindergarten through 4 have significantly better attitudes toward mainstreaming than those who teach grades 5 through 8* (see fig. 6).

Courses in Special Education

Whether having taken Special Education courses has an effect on the stated attitudes of the teachers was examined by t-test analysis. The result of the t-test is given in table 10.

The t-values (AAM = 8.52; EAM = 7.74; total EAS = 8.77) were significant at $p < .01$, therefore there appears to be a significant difference between the two groups: (1) those who took at least one course (yes) and (2) those who never took a Special Education course (no).

Teachers who took at least one Special Education course were found to have significantly better attitudes toward mainstreaming

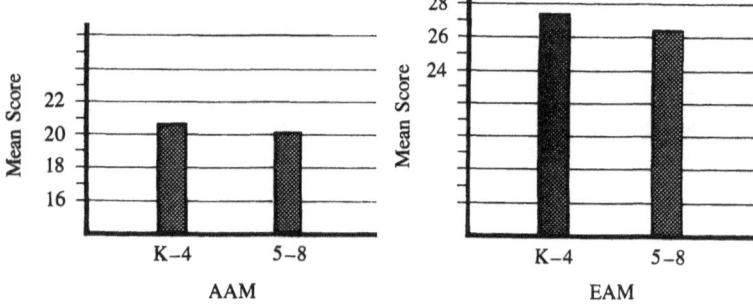

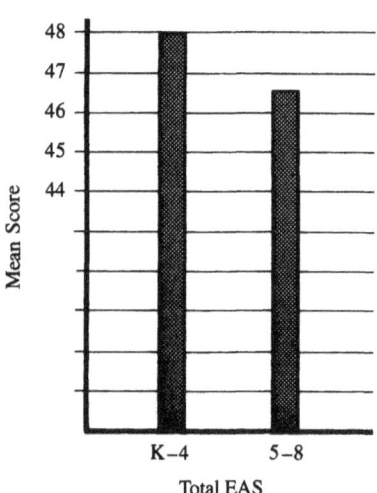

Fig. 6. Comparison of mean scores according to grade level

TABLE 10. T-test Analysis According to Courses in Special Education

Courses in Special Education	N	Mean	SD	t Value	Probability
AAM					
Yes	312	23.18	6.54	8.52	.000
No	895	19.68	6.14		
EAM					
Yes	312	29.69	7.18	7.74	.000
No	895	26.11	7.00		
Total EAS					
Yes	312	52.87	12.70	8.77	.000
No	895	45.79	12.154		

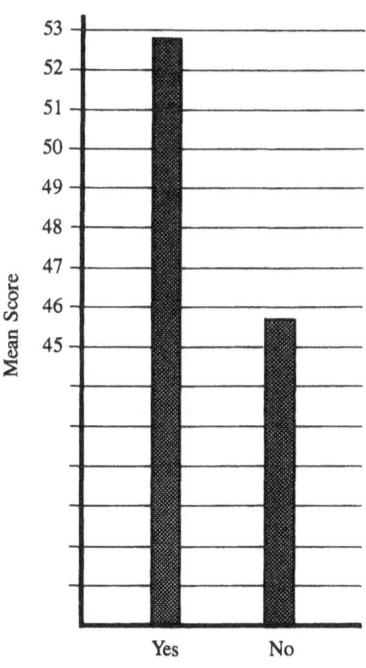

Fig. 7. Comparison of mean scores according to courses in Special Education

handicapped individuals than those teachers who were not exposed to such activities (see fig. 7).

Specialty

The one-way analysis of variance for the specialty of the teachers (independent variable with five levels) on the dependent variable of stated attitude score yielded a significant effect, $F(4,1203) = 6.97$, $p < .01$ (see table 11).

The Duncan multiple comparison test yielded a significant difference at .05 level between the mean scores of level 4 and 2, 4 and 3, 4 and 1, 5 and 2, 5 and 3, and 5 and 1. The mean scores between level 1 and 2, 1 and 3, and 2 and 3 were determined to be statistically equal. Level 1 represents teachers specialized in humanities, level 2 sciences, level 3 languages, level 4 kindergarten teachers, and level 5 teachers certified in Special Education.

Figure 8 is a graphic presentation of the mean scores of the five groups of teachers by specialty. *As can be seen in figure 8, teachers who specialized in Special Education showed the most positive attitudes, followed by teachers who were certified in kindergarten education.* Significantly lower scores are shown by teachers who specialized in humanities, sciences, and languages.

Teaching Category: Regular Classroom Teachers versus Special Education Teachers

It was within the scope of this study also to compare the attitudes of regular classroom and Special Education certified teachers. The result of the t-test is given in table 12.

TABLE 11. Analysis of Variance According to Specialty

Specialty	df	MS	F	Significance
AAM	4,1204	212.55	5.18	.00
EAM	4,1203	348.08	6.82	.00
Total EAS	4,1203	1,101.00	6.97	.00

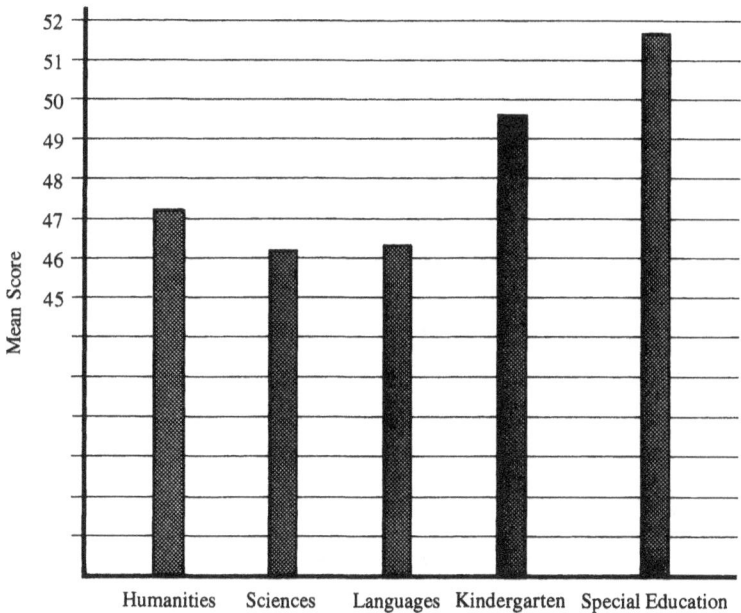

Fig. 8. Comparison of mean scores according to specialty

TABLE 12. T-test Analysis According to Teaching Category

Teaching Category	N	Mean	SD	t Value	Probability
AAM					
Special Education	164	22.44	7.50	4.09	.000
Regular	1,044	20.24	6.19		
EAM					
Special Education	164	29.43	8.17	4.66	.000
Regular	1,044	26.63	6.98		
Total EAS					
Special Education	164	51.87	14.59	4.74	.000
Regular	1,044	46.87	12.21		

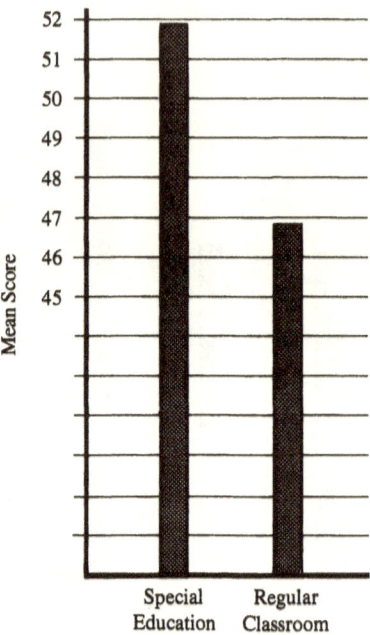

Fig. 9. Comparison of mean scores according to teaching category

The three t-values (AAM = 4.09; EAM = 4.66; total EAS score = 4.74) were significant at $p < .01$. There are significant differences between the two groups: (1) Special Education teachers and (2) regular classroom teachers.

Special Education certified teachers were found to have a significantly more positive attitude than regular classroom teachers toward the concept of integration (see fig. 9).

Additional Items

In addition to the original score, three items (17, 18, 19) were included by the author in this survey. The statistical analysis of the scale, however, showed a very low degree of reliability (alpha = $-.199$), and there was no consistency within any of the variables and the analysis of these three items. Hence, an analysis of these three

TABLE 13. Chi-square Analysis
of Variance for Item 20, Importance of Time
in the Mainstreaming Process

	Negative	Positive
Yes	23.5	29.2
No	76.5	70.8

items is not included since they did not shed any light on the issue being studied.

Following the suggestions made by professors of educational psychology in Spain, two yes/no questions were included in the survey to investigate, if, of the total sample of teachers, those with a low acceptance of mainstreaming perceived that the amount of time needed for mainstreaming and the lack of knowledge of Special Education issues were important variables playing a role in their negative attitudes. The data presented in this section are based on the responses to these items: item 20, effect of time, item 21, effect of knowledge (see the Appendix).

Since the purpose of these two items was to investigate the reasons for having a low level of positive attitudes toward mainstreaming, it is necessary to establish a criterion score indicative of negative attitudes toward the mainstreaming program. The score below which a teacher would hold negative attitudes was 40. In order to score 40 or below the respondents had to indicate less than positive views on 35 percent (six) of the items.

The total number of subjects providing the response to item 20

TABLE 14. Chi-square Analysis of
Variance for Item 21, Importance of
Knowledge of the Characteristics and
Conditions of the Handicapped Child

	Negative	Positive
Yes	46.2	62.2
No	53.8	37.8

was 1,203 out of 1,210. A total of 7 persons (0.005 percent) failed to respond to this item. Of the 1,203 respondents, 353 (29.3 percent) had a score below 40. Twenty-five percent of these stated that they would change their attitude (to a more positive one) if it were not necessary to allocate so much time in mainstreaming the handicapped child.

With the exception of 5 persons, 1,205 teachers responded to item 21. The 5 (0.004 percent) failed to respond to this item. Of the 1,205 teachers who did respond, 353 (29.3 percent) did not reach the criterion score. Of these, 163 (46.2 percent) perceived their lack of knowledge as an obstacle in achieving better attitudes. They stated that they would change their attitude (to a more positive one) if they had received more instruction on the conditions and characteristics of the handicapped child (see tables 13 and 14).

A higher percentage of teachers (46.2 percent compared to 23.5 percent) appeared to think that instruction about the conditions and characteristics of the handicapped children would help them achieve a better attitude toward mainstreaming.

CHAPTER 5
Summary

This study was undertaken to investigate the attitudes of teachers toward the present movement of educating handicapped children in regular classrooms and to investigate selected variables that may affect these attitudes. It also will serve as a basis for future curriculum planning in teacher education programs as well as a reference for program development for local education agencies involved with the implementation of mainstreaming.

This study focused its attention on the attitudes of the classroom teachers, because previous research had indicated that the success or failure of mainstreaming is in the hands of the regular teachers who are responsible for the education of the handicapped students placed in their classrooms (Haring 1956, Jones et al. 1978; Larrivee and Cook 1979; Yap 1977).

The purposes of this study were:

1. to measure the present attitudes of elementary and secondary teachers toward educating handicapped students in their classrooms;
2. to identify any relation that may exist between the attitudes of the teachers toward educating handicapped students in their classrooms and several variables: (*a*) the location of the school, (*b*) the sex of the teachers, (*c*) the age, (*d*) the years of professional experience, (*e*) the grade level the teachers were presently teaching, (*f*) the specialty, and (*g*) whether or not they had taken courses in Special Education;
3. to investigate possible significant attitudinal differences between regular and Special Education teachers toward providing regular classroom instruction for the handicapped child;

4. to test the effect of time and knowledge in the stated attitudes toward mainstreaming; and
5. to test an instrument to determine its reliability to measure teacher attitudes toward handicapped children.

The attitude scale used in this study was a modestly revised version of the Educational Attitude Survey (EAS) (Reynolds and Greco 1980). In order to account for possible cross-cultural flaws of its validity, the content item of the scale was examined by five professors in the field of educational psychology who individually and as a group evaluated it in accordance with the following criteria: relevance of content to the issue of attitudes toward mainstreaming and relevance of content related to cultural validity. Their suggestions were taken into account and, as a result, two new items were added to the scale. In addition, a new reliability examination was performed on the Spanish version of the EAS. The scores provided by this additional statistical procedure indicated a high reliability (alpha = .9019).

The data were collected from the following sources: (1) 663 teachers responded to 3,000 questionnaires mailed by the Ministry of Education, (2) 649 responded to a team of eight data collectors who went to the school sites during June, 1985, picking up the data in the different urban, suburban, and rural locations. A total of 1,312 teachers responded to the questionnaire. Of these 80 were excluded from the study, because they either did not answer more than two items of the questionnaire or had omitted some demographic data. Thirty-two scales arrived late, and could not be processed for analysis. In addition, 10 regular teachers were randomly selected to discuss their reactions to the items with a faculty member of a Spanish university.

One-way analyses of variance, t-test, and chi-square analysis were conducted between each of the selected variables (as the independent variables) on the dependent variable of stated attitudes toward the integration of the handicapped child for the total sample. Coefficient alpha internal consistency reliability of the total EAS scale and subscales for the Spanish questionnaire was computed. A correlation coefficient between the two dimensions of the scale was also computed.

Findings

1. There is a significant relation between the location of the school and the attitudes of the teachers. Suburban teachers seem to be more accepting of the concept of normalization than either urban or rural teachers. Urban teachers were the least accepting. $F(2,1048) = 4.906$, $p < .01$.
2. The analysis of scores by t-test did not indicate a significant difference between male and female respondents.
3. The analysis of the scores indicated a significant difference between the respondents by age groups. $F(3,1204) = 26.219$, $p < .01$.
4. The analysis of scores did not indicate significant differences between the elementary and secondary teachers on the total scale. Significant differences were found between the elementary and secondary grade level teachers on the Educational Aspects of Mainstreaming dimension ($t = 1.98$, $p < .05$).
5. The analysis of scores indicated a significant difference between teachers who had taken at least one Special Education course and teachers who had not ($t = 8.77$, $p < .01$). Teachers with some Special Education background had more positive attitudes than teachers without any Special Education courses.
6. Analysis of variance indicated a significant difference among the specializations of the teachers, $F(4,1203) = 6.97$, $p < .01$. Special Education certified teachers and kindergarten teachers had better attitudes than teachers in the humanities, sciences, and languages, the last two specialties being the ones with the worst attitudes.
7. The analysis of scores by t-test indicated a significant difference between Special Education and regular classroom

teachers (t = 4.74, $p < .01$). Special Education teachers were significantly more accepting of mainstreaming than regular teachers were.
8. Chi-square analysis showed that a significant number of teachers thought they would change their perceptions toward mainstreaming (in a positive direction), if they received training on the conditions and characteristics of the handicapped child.

Based on the results of the study, several conclusions were made. The older groups of teachers possessed unfavorable attitudes toward the mainstreaming process. This is consistent with Harasymiw and Horne's (1975) findings, but other investigators' research (Hughes, Kauffman, and Wallace 1973) have conflicting results. Therefore, the most prudent conclusion is that age is related to differences in attitudes, but perhaps these differences should simultaneously be attributed to other variables. Age seems to play a role, but it would be unreasonable to consider it as an isolated factor when placing handicapped children. What does not seem unreasonable to conclude, in view of the findings of this study, is that younger groups will be more receptive than older groups to the integration of handicapped children in the regular classroom.

The object of the discussion in the following paragraphs will be to examine what other variables explain these differences. Teachers' attitudes were significantly affected by the years of experience, their specialty, and by whether or not they had taken Special Education courses (Haring, Stern, and Cruickshank 1958). While the amount of time spent teaching appears to be directly related to negative attitudes, the opposite is true with knowledge of Special Education. The regular teachers who took Special Education courses showed significantly higher positive attitudes. Of the teachers who showed less positive attitudes, a significant percentage perceived they lacked knowledge of the conditions and characteristics of handicapped children, and thought they could change their attitudes if they were provided with more instruction.

A Special Education background was found to play an active role in modifying attitudes in a positive direction. It probably is the case that teacher knowledge of Special Education affects their level of acceptance by increasing their confidence and self-perceptions of competence to teach such children.

It does appear that teachers who have more information about handicapping conditions are more willing to teach handicapped students. It seems, then, that school districts should take steps to see that less knowledgeable teachers have opportunities to acquire information about handicapped children either through intensive in-service training or through appropriate courses offered in the school districts. Furthermore, it seems imperative that when a regular classroom certified teacher has a handicapped child in the classroom, the multiprofessional team should ensure that the teacher has accurate and appropriate information about the child's condition, learning characteristics, and achievement levels.

Although there were not significant differences between the grade levels on the total scale, data provided evidence that elementary and kindergarten teachers appeared to have better attitudes as a whole than did secondary teachers in the Educational Aspects of Mainstreaming dimension subscale. This is related to the notion of mainstreaming as product oriented. Elementary teachers may be more optimistic and, hence, hold more positive attitudes than secondary teachers. Elementary teachers may perceive mainstreaming as a possibility to enhance social adaptation, personal adjustment, and/or academic achievement, and therefore they appear to hold more positive attitudes than secondary teachers. One explanation for this difference is the secondary school teachers' greater orientation to curriculum content and the larger numbers of students they instruct each day, factors that may make integrating handicapped students into regular education classes (where some individualization may be necessary) much more difficult than it would be at an elementary school level. The same reasons seem to apply to kindergarten teachers.

School and class organization may be a factor to consider in relation to these findings. Elementary and kindergarten teachers are responsible for fewer numbers of students compared to the secondary regular classroom teachers. Likewise, the elementary teachers spend the full day predominantly with the same students, whereas the secondary teachers teach a different class each hour. A further possibility is that this difference reflects the inappropriateness of mainstreaming handicapped children with severe deficits in cognitive functioning into academically difficult courses, when the students lack the cognitive abilities (i.e., Piaget's Formal Operations) necessary to master the material.

This study found that there was a significant relation for the total sample between the teachers' stated attitude and the years of teaching experience. Those with less than five years of experience held the more acceptable attitudes—the highest score in the group with one year or less experience. This seems to be related to age and the year of their certification. The findings suggest that those teachers certified after 1980, when the issue of mainstreaming started to be of concern to the public and to the administration, have a significantly more positive attitude than have teachers certified prior to 1980. This may be an indication that the competencies necessary to teach handicapped students in the regular classroom, which started to be taught only recently as a mandatory part of the curriculum in universities, have facilitated a more positive attitude.

This study found that there is support for the prediction of a significant relation between the attitude of teachers and the location of the school where they teach. Suburban school teachers are more accepting of the idea of mainstreaming than either rural or urban teachers. It is the case in Spain that the peripheral areas of the big cities concentrate the lower socioeconomic sectors of society, where most handicapped students are located. Teachers of these suburban areas may be more aware of the conditions and characteristics of the handicapped child. They have more contact with the handicapped child and are more willing to consider the integration of exceptional children. Again, knowledge seems to be the predicting variable of a positive attitude. This is in agreement with Larrivee's study (1981), which supports the importance of increased experience and contact with exceptional children in connection with knowledge attainment and specific skill acquisition in the formation of more positive attitudes.

Implications and Recommendations

Major implications of this study suggest the need to develop a teacher training program model, including both in-service and pre-service training in Spain. The results of the study indicated that only 27 percent of the teachers had taken some Special Education courses. The results also indicated that educators with such Special Education experience were more positive toward mainstreaming. It is not a requirement in Spain for all regular classroom teachers to attend in-service training for the education of handicapped persons. The Ministry of Education in Spain should consider it essential to educate and sensitize regular classroom teachers about disabled learners. If teachers are sensitized to the nature and needs of the handicapped students, they will be better prepared to serve the population of exceptional children who will be in the mainstream.

The urgency of the need for a staff trained in educating handicapped children draws attention to the requirement for formulation of an in-service training program that could be rapidly and realistically implemented. An in-service training program or an on-the-job training program has significant advantages. One of the advantages is the fact that such training makes possible an immediate response to the existing needs.

In order to increase favorable attitudes toward the mainstreaming of the handicapped child it is suggested that the in-service program stress the following:

1. providing knowledge of various handicapping conditions that affect the educational development of students;
2. determining students' potential and limitations in learning;
3. eliciting the issue and importance of the integration of the handicapped into the mainstream of society;
4. understanding problems that may be encountered by the family of the handicapped; and
5. determining job-related skills for handicapped individuals.

In accordance with the findings of this study another implication could be the need for preservice programs for regular teachers. Special Education courses should be a more important component in the curriculum of these programs.

It is also recommended that lectures be delivered covering topics dealing with psychology, identification and assessment of the handicapped, counseling and curriculum for the handicapped, and behavior management techniques.

Recommendations for Further Research

1. Only elementary and secondary teachers were included in this study. Further research should be conducted to assess attitudes of high school teachers and principals.
2. Further studies should be conducted by using ethnographical research in which the investigator would have the opportunity to observe the behavior and interactions of educators with disabled children. Results could be then compared with results of the survey research method employed in this study.
3. Attitudinal studies with parents, business personnel, school-age children, and religious leaders should be conducted. The attitudes of these sectors of the population are believed to have a substantial impact on disabled persons.
4. The survey instrument used in this study was a translated version of the instrument developed in the United States. There is a need for attitudinal instruments that are locally developed and validated in Spain.
5. Further research should be conducted to investigate the effects of different modalities on attitudinal change toward handicapped persons. Studying the effect of video, audio, and live presentations of handicapped persons on the attitudes of educators represents one example.
6. Further research should also seek to investigate the effect of the number of handicapped students that the regular teacher has taught on their attitudes toward teaching handicapped students in the classroom.
7. It is recommended that further studies be conducted to determine the nature of experience that regular classroom teachers

need in order to help facilitate a more positive attitude toward teaching handicapped students in the regular classroom.

8. It is recommended that further studies be conducted to examine effective in-service training programs for teachers certified before 1980.
9. It is recommended that further research be conducted to investigate the skills necessary for regular classroom teachers to effectively teach handicapped students in the regular classroom.

The finding that many teachers hold an undecided (not positive or negative) attitude* toward educating handicapped students in the regular classroom may indicate that the teachers are still collecting data via their experience as to the appropriateness of mainstreaming. This would indicate that the experience that the teachers have had with handicapped students in the regular classroom will influence their attitude in either a positive or negative way. Therefore teacher training programs should include in their curricula definite objectives and activities that would be designed to develop positive attitudes of these undecided teachers toward mainstreaming.

---

*The average teacher (mean/number of items) had an overall item score of around 3, which in the scale corresponded to not positive or negative attitude (neither agree nor disagree) toward the integration of the handicapped child.

Appendix

School Name _____
Is the school in an urban, suburban, or rural area? _____

Educational Attitude Survey

In recent years, federal and state legislation has mandated that several changes be instituted in the education of the handicapped. Where possible, handicapped students must be mainstreamed, i.e., integrated into regular classroom placements. This is a change from the more traditional approach to education of the handicapped, which centered around the use of "self-contained" Special Education classrooms consisting only of handicapped students.

Listed below are a number of statements concerning attitudes toward mainstreaming and self-contained Special Education classrooms. Read each item and decide how it relates to you. Use the following scale to rate each statement:

(1) strongly agree
(2) agree
(3) neither agree nor disagree
(4) disagree
(5) strongly disagree

For each item, circle the number that corresponds to your level of agreement.

1. Those who favor the integration of handicapped students into regular classroom placements are not really concerned with the quality of education.
   1   2   3   4   5

2. If advocates of mainstreaming took the time to see what happens to handicapped students who are integrated into regular placements, they would come to recommend self-contained Special Education classes for these students.
   1 2 3 4 5
3. Administrators who favor mainstreaming are more concerned with financial decisions than with the educational adequacy of the school or district.
   1 2 3 4 5
4. When handicapped students are integrated into regular classrooms, it is usually done against the advice of the regular classroom teacher.
   1 2 3 4 5
5. The resource room in a mainstreaming program will eventually become simply another form of a self-contained classroom for handicapped students.
   1 2 3 4 5
6. Having handicapped students in regular classrooms lowers the quality of instruction to all students.
   1 2 3 4 5
7. Being in a regular class helps a handicapped child develop a positive self-image.
   1 2 3 4 5
8. Mainstreaming is being imposed rather than explained.
   1 2 3 4 5
9. Children with special needs could best be served through instruction in a Special Education classroom.
   1 2 3 4 5
10. The move toward mainstreaming is more a legal and political matter than an educational one.
    1 2 3 4 5
11. Self-contained classes for the education of handicapped students enable teachers to provide more adequate instruction for those students than would be possible if those students were integrated into regular classrooms.
    1 2 3 4 5

12. The handicapped child in a Special Education classroom that is self-contained is likely to be socially isolated.
    1 2 3 4 5
13. Being in a self-contained class restricts the participation of handicapped students in extracurricular activities.
    1 2 3 4 5
14. Having handicapped students in regular classrooms is not fair to either the handicapped or nonhandicapped students.
    1 2 3 4 5
15. Education of handicapped students in self-contained classes prevents these students from being accepted by nonhandicapped students.
    1 2 3 4 5
16. While theoretically mainstreaming may seem to be a good idea, in reality mainstreamed students have great difficulty adjusting to the regular classroom.
    1 2 3 4 5
17. The regular classroom teacher should not be expected to take on the education of the handicapped student.
    1 2 3 4 5
18. All students, whether handicapped or not, should have the right to be taught in the regular classroom.
    1 2 3 4 5
19. Mainstreaming will be successful enough to be retained as a required educational practice.
    1 2 3 4 5

Answer Yes or No

20. Do you believe that your general attitude toward mainstreaming of the handicapped would change if it were not necessary to spend extra time making sure handicapped students are accepted socially by their classmates?
21. Do you believe that your general attitude toward mainstreaming of the handicapped would change if you had received

more and better instruction about the conditions and characteristics of handicapped students?

Personal information

1. Sex
   M
   F
2. Age
   1. 25 or younger
   2. Between 25 and 35
   3. Between 35 and 45
   4. Older than 45
3. How long have you been teaching?
   1. 0–1 years
   2. 2–5 years
   3. 6–10 years
   4. More than 10 years
4. What grade are you teaching now?
   Kindergarten, 1st, 2d, 3d, 4th, 5th, 6th, 7th, 8th
5. Have you ever taken a Special Education course?
   Yes
   No
6. How many?
   1, 2, 3, 4, 5, 6, 7, 8, 9, 10
7. What is your field [or specialty]?
   1. Humanities
   2. Science
   3. Languages
   4. Kindergarten
   5. Special Education

Bibliography

Abrams, K. I., and Kodera, T. L. 1979. "Acceptance Hierarchy and Handicaps: Validation of Kirk's Statement, Special Education Often Begins Where Medicine Stops." *Journal of Learning Disabilities* 12:24–29.

Ajchenbaum, M., and Reynolds, C. R. 1981. "A Brief Case Study Using Behavioral Consultation for Behavioral Reduction." *School Psychology Review* 10:407–8.

Alexander, C., and Strain, P. S. 1978. "A Review of Educators' Attitudes toward Handicapped Children and the Concept of Mainstreaming." *Psychology in the Schools* 15:390–96.

Allport, G. W. 1935. "Attitudes." In *Handbook of Social Psychology*, edited by C. Murchison. Worcester, Mass.: Clark University Press.

Anthony, W. A. 1972. "Societal Rehabilitation, Changing Society's Attitudes toward the Physically and Mentally Disabled." *Rehabilitation Psychology* 19:117–26.

Antonak, R. F. 1980. "A Hierarchy of Attitudes toward Exceptionality." *Journal of Special Education* 14:231–41.

Baron, R. A., and Byrne, D., eds. 1977. *Social Psychology*. Boston: Allyn and Bacon.

Behling, H. 1981. "Effective Schools and Effective Classrooms." Annapolis: Maryland State Department of Education Library and Resource Center.

Berryman, J., and Berryman, C. R. 1981. "Use of the Attitudes toward Mainstreaming Scale." Paper presented at the annual meeting of the American Educational Research Association, Los Angeles, April 13.

Bijou, S. W. 1977. "Practical Considerations of an International Model of Child Development." *Exceptional Children* 44:6–14.

Birch, J. W. 1976. "Mainstreaming: Definition, Development and Characteristics." In *Teacher, Please Don't Close the Door*, edited by J. E. Jordan. Reston, Va.: Council for Exceptional Children.

Brooks, B., and Bransford, L. A. 1971. "Modification of Teachers' Attitudes toward Exceptional Children." *Exceptional Children* 38:259–60.

Brophy, J. 1979. "Teacher Behavior and Its Effects." *Journal of Teacher Education* 71:733–50.

Brophy, J., and Good, T. L. 1970. "Teachers' Communications of Differential Expectations for Children's Performance." *Journal of Educational Psychology* 61:365–74.

———, eds. 1974. *Teacher-Student Relationships: Causes and Consequences*. New York: Holt, Rinehart and Winston.

Brown, J.; Montgomery, R.; and Barclay, J. 1969. "An Example of a Psychologist's Management of Teacher Reinforcement Procedures in the Elementary Classroom." *Psychology in the Schools* 6:336–40.

Bruininks, R. H., and Rhynders, J. E. 1971. "Alternatives to Special Class Placement for Educable Mentally Retarded Children." *Focus on Exceptional Children* 3:1–12.

Bryan, T., and McGrady, H. J. 1972. "Use of Teacher Rating Scale." *Journal of Learning Disabilities* 5:199–206.

California Teachers' Association. 1977. *Mainstreaming: Some Effects of the Special Education Program in California Classes*.

Cantrell, R. P., and Cantrell, M. L. 1976. "Preventive Mainstreaming: Impact of a Supportive Services Program on Pupils." *Exceptional Children* 42:381–86.

Caplan, G. 1970. *The Theory and Practice of Mental Health Consultation*. New York: Basic Books.

Carroll, C. F., and Repucci, N. D. 1978. "Meanings That Professionals Attach to Labels for Children." *Journal of Consulting and Clinical Psychology* 46:373–74.

Casey, K. 1978. "The Semantic Differential Technique in the Examination of Teacher Attitudes to Handicapped Children." *Exceptional Child* 25:41–52.

Chueca y Mora, F. A. 1985. *A Study of Teachers' Attitudes toward Mainstreaming in Spain*. Ph.D. diss., University of California, Los Angeles.

Clairborn, W. 1969. "Expectancy Effects in the Classroom: A Failure to Replicate." *Journal of Educational Psychology* 60:377–83.

Combs, R. H., and Harper, J. L. 1967. "Effects of Labels on Attitudes of Educators toward Handicapped Children." *Exceptional Children* 33:399–403.

Conine, T. A. 1969. "Acceptance or Rejection of Disabled Persons by Teachers." *Journal of School Health* 39:278–81.

Cooper, H. 1979. "Pygmalion Grows Up: A Model for Teacher Expectation, Communication, and Performance Influence." Review of *Educational Research* 49:389–410.

Crandell, J. M. 1969. "The Genesis and Modification of Attitudes toward the Child Who Is Different." *Training School Bulletin* 66:72–79.

Cronbach, L. H. 1951. "Coefficient Alpha and the Internal Structure of Tests." *Psychometrike* 16:297–334.

Cruickshank, W. M. 1974. "The False Hope for Integration." *Slow Learning Child* 21:67–83.

———. 1975. "Learning Disabilities: A Charter for Excellence." In *Learning Disabilities: Selected ACLD Papers*, edited by S. A. Kirk and J. McCarthy. New York: Houghton Mifflin.

———. 1977. "Least Restrictive Placement: Administrative Wishful Thinking." *Journal of Learning Disabilities* 10:193–94.

———. 1978. "When Winter Comes, Can Spring . . . ?" *Exceptional Child* 25:3–25.

———. 1979. "Learning Disabilities: Definitional Statement." In *Issues and Initiatives in Learning Disabilities*, edited by E. Polak. Ottawa: Canadian Association for Children with Learning Disabilities.

———. 1981. "A New Perspective in Teacher Education: The Neuro-Educator." *Journal of Learning Disabilities* 14:6.

———. 1983. "Straight Is the Bamboo Tree: A Discussion of the Current Problems in the Field of Learning Disabilities." *Journal of Learning Disabilities* 16:191–97.

Deleo, A. V. 1976. "The Attitudes of Public School Administrators and Teachers toward the Integration of Children with Special Needs into Regular Education Program." Ph.D. diss., Boston College.

Donaldson, J. 1980. "Changing Attitudes toward Handicapped Persons: A Review and Analysis of Research." *Exceptional Children* 46:504–14.

Drake, G. A. 1977. "A Comparative Study of Pre- and Post-Semester Attitudes toward the Handicapped of Students in Introductory Special Education Classes." Paper presented at the 55th annual international convention of the Council for Exceptional Children, Atlanta, April 11–15.

Dworkin, N. 1979. "Changing Teachers' Negative Expectations." *Academic Therapy* 14:517–31.

English, R. W. 1977. "The Application of Personality Theory to Explain Psychological Reactions to Physical Disability." In *Social and Psychological Aspects of Disability*, edited by J. Stubbins. Baltimore: University Park Press.

Farina, A., and Rink, K. 1965. "The Influence of Perceived Mental Illness on Interpersonal Relations." *Journal of Abnormal Psychology* 70:47–51.

Festinger, L. 1957. *A Theory of Cognitive Dissonance*. Stanford: Stanford University Press.

Ford, L., and Rosenfield, A. 1980. "An Intervention in a 'Special' Class." *School Psychology Review* 9:103.

Foster, G.; Ysseldyke, J.; and Reese, J. 1975. "I Wouldn't Have Seen It If I Hadn't Believed It." *Exceptional Children* 41:469–73.

Glass, R. M., and Meckler, R. S. 1972. "Preparing Elementary Teachers to

Instruct Mildly Handicapped Children in Regular Classrooms: A Summer Workshop." *Exceptional Children* 39:152–56.
Glavin, J. P. 1973. "Follow-up Research in Resource Rooms." *Exceptional Children* 40:211–13.
Glicking, E., and Theobald, J. T. 1975. "Mainstreaming: Affect or Effect." *Journal of Special Education* 9:317–28.
Good, T. 1981. "Teachers' Expectations and Student Perceptions: A Decade of Research." *Educational Leadership* 5:415–21.
Good, T., and Brophy, J. 1972. "Behavioral Expression of Teacher Attitudes." *Journal of Educational Psychology* 63:617–24.
Gottlieb, J. 1972. "Bi-cultural Study of Attitude Change and Behavior toward Retardates." Ph.D. diss., Yeshiva University.
⸺. 1975. "Public, Peer, and Professional Attitudes toward Mentally Retarded Persons." In *The Mentally Retarded and Society: A Social Science Perspective*, edited by M. Begab and S. A. Richardson. Baltimore: University Park Press.
Gottlieb, J.; Campbell, D. H.; and Budoff, M. 1975. "Classroom Behavior of Retarded Children Before and After Integration into Regular Classes." *Journal of Special Education* 9:307–15.
Green, K. 1983. "Cross-cultural Validation of the Attitudes toward Mainstreaming Scales." *Education and Psychological Measurement* 43:1255–61.
Green, S. C.; Kappes, B. M.; and Parish, T. D. 1979. "Attitudes of Educators to Handicapped and Nonhandicapped Children." *Psychological Reports* 44:829–80.
Grosenick, J. K. 1971. "Integration of Exceptional Children into Regular Classes: Research and Procedure." *Focus on Exceptional Children* 3:1–9.
Gutman, L. A. 1954. "An Outline of Some New Methodology for Social Research." *Public Opinion Quarterly* 18:395–404.
Hammil, D. D. 1978. "Assessing the Training Perceptual-Motor Skills." In *Teaching Children with Learning and Behavior Problems*, edited by D. D. Hammil and N. R. Bartel. Boston: Allyn and Bacon.
Hannah, M. E. 1979. "A Problem Solving Group for Teachers." *School Psychology Digest* 8:469–71.
Harasymiw, S. J., and Horne, M. D. 1976. "Teacher Attitudes toward Handicapped Children and Regular Class Integration." *Journal of Special Education* 10:393–400.
Harasymiw, S. J.; Horne, M. D.; and Lewis, S. C. 1976. "A Longitudinal Study of Disability Group Acceptance." *Rehabilitation Literature* 87:98–102.

Haring, N. A. 1956. "A Study of Attitudes of Classroom Teachers toward Exceptional Children." Ph.D. diss., University of Nebraska.

Haring, N. G.; Stern, G. G.; and Cruickshank, W. M. 1958. *Attitudes of Educators toward Exceptional Children.* Syracuse: Syracuse University Press.

Hart, R. 1973. "Attitudes and Mental Retardation: A Review of Literature." *Training School Bulletin* 69:150–64.

Hays, R. F. 1976. "A Mainstream Team: One School District's Answer." In *Teacher, Please Don't Close the Door,* edited by J. E. Jordan. Reston, Va.: Council for Exceptional Children.

Horne, M. 1979. "Attitudes and Mainstreaming: A Literature Review for School Psychologists." *Psychology in the School* 16:61–67.

Hsu, L. M. 1978. "Determination of Significance Levels for Test Item Validity." *Educational and Psychological Measurement* 38:209–11.

Hughes, S. L.; Kauffman, M.; and Wallace, G. 1973. "What Do Labels Really Mean to Classroom Teachers?" *Academic Therapy* 3:285–89.

Jacobson, E.; Kumata, H.; and Gullahorn, J. E. 1960. "Cross-cultural Contributions to Attitudinal Research." *Public Opinion Quarterly* 24:205–23.

Jenkins, J. R.; Barksdale, A.; and Clinton, L. 1978. "Improving Reading Comprehension and Oral Reading: Generalization across Behaviors, Settings and Time." *Journal of Learning Disabilities* 11:607–17.

Jenkins, J. R., and Mayhall, W. F. 1976. "Development and Evaluation of a Resource Teacher Program." *Exceptional Children* 42:19–21.

Johnson, A. B., and Cartwright, C. A. 1979. "The Roles of Information and Experience in Improving Teachers' Knowledge and Attitudes about Mainstreaming." *Journal of Special Education* 13:453–61.

Jones, L. J.; Gottlieb, J.; Gusklin, S.; and Yashida, R. 1978. "Evaluating Mainstreaming Programs: Models, Caveats, Considerations and Guidelines." *Exceptional Children* 44:588–600.

Jones, L. J., and Guskin, S. 1984. *Attitudes and Attitude Change.* Reston, Va.: Council for Exceptional Children.

Jones, R. L. 1974. "The Hierarchical Structure of Attitudes toward the Exceptional." *Exceptional Children* 40:430–35.

Jordan, J. E. 1968. *Attitudes toward Education and Physically Disabled Persons in Eleven Nations.* Lansing: Michigan State University, Latin American Studies Center.

Jordan, J. E., and Proctor, D. I. 1969. "Relationship between Knowledge of Exceptional Children, Kind and Amount of Experience with Them and Teacher Attitude toward Their Classroom Integration." *Journal of Special Education* 3:433–39.

Kaplan, M., and Chancy, B. 1977. "School Psychological Services." *Journal of School Psychology* 15:15–80.

Kazdin, A. E. 1973. "Issues in Behavior Modification with the Mentally Retarded." *American Journal of Mental Deficiency* 78:134–40.

Kearney, N. C., and Roccio, P. D. 1956. "The Effect of Teacher Education on Teacher Attitudes." *Journal of Educational Research* 49:703–8.

Keogh, B. K.; Tehir, D.; and Windermuth-Behn, A. 1974. "A Teacher's Perception of Educationally High Risk Children." *Journal of Learning Disabilities* 7:367–74.

Kleck, R.; Ono, H.; and Hastorf, A. 1966. "The Effects of Physical Deviancy on Face to Face Interaction." *Human Relations* 19:425–36.

Koegel, R. L., and Rincover, A. 1974. "Treatment of Psychotic Children in a Classroom Environment: Learning in a Large Group." *Journal of Applied Behavior Analysis* 7:45–59.

Kreider, P. E. 1967. "The Social-Psychological Nature and Determinants of Attitudes toward Education and toward Physically Disabled Persons in Belgium, Denmark, England, France, the Netherlands and Yugoslavia." Dissertation Abstracts International, 28(5-A), 1679–1680. Ann Arbor: University Microfilms International.

Kvaraceus, W. C. 1956. "Acceptance, Rejection and Exceptionality." *Exceptional Children* 22:328–31.

Lapp, E. R. 1957. "A Study of the Social Adjustment of Slow-Learning Children Who Were Assigned Part-Time to Regular Classes." *American Journal of Mental Deficiency* 62:254–62.

Larrivee, B. 1981. "Effect of Inservice Training Intensity on Teachers' Attitudes toward Mainstreaming." *Exceptional Children* 48:34–39.

Larrivee, B., and Cook, L. 1979. "Mainstreaming: A Study of the Variables Affecting Teacher Attitudes." *Journal of Special Education* 13:315–24.

Larsen, S., and Ehly, S. 1978. "Teacher-Student Interactions: A Factor in Handicapping Conditions." *Academic Therapy* 13:267–76.

Lazar, A. L.; Orpet, R.; and Demos, G. 1976. "The Impact of Class Instruction on Changing Student Attitudes." *Rehabilitation Counseling Bulletin.* 20:66–68.

Lovitt, E. R. 1974. "Teacher Acceptance of Classroom Integration of Children with Learning Disabilities." Ph.D. diss., Arizona State University.

MacMillan, D. L.; Jones, R. L.; and Meyers, C. E. 1976. "Mainstreaming the Mildly Retarded: Some Questions, Cautions and Guidelines." *Mental Retardation* 14:3–10.

Macy, D. J., and Carter, J. L. 1978. "Comparison of a Mainstreamed and Self-contained Special Education Program." *Journal of Special Education* 12:303–13.

Mandell, C. J., and Strain, P. S. 1978. "An Analysis of Factors Related to the Attitudes of Regular Classroom Teachers toward Mainstreaming Mildly Handicapped Children." *Contemporary Educational Psychology* 3:154–62.

Martin, E. W. 1976. "Integration of the Handicapped Child into Regular Schools." *Minnesota Education* 2:4.

Martin, R. 1979. *Educating Handicapped Children, the Legal Mandate.* Champaign, Ill.: Research Press.

Meyers, J. 1981. "Mental Health Consultation." In *Advances in School Psychology*, edited by T. R. Kratochwill. Vol. 1. Hillsdale, N.Y.: Erlbaum.

Miller, T. L., and Sabatino, D. A. 1978. "An Evaluation of the Teacher Consultant Model as an Approach to Mainstreaming." *Exceptional Children* 45:86–91.

Mitchell, M. M. 1976. "Teacher Attitudes." *High School Journal* 59:302–12.

Moore, J., and Fine, M. J. 1978. "Regular and Special Class Teachers: Perceptions of Normal and Exceptional Children and Their Attitudes toward Mainstreaming." *Psychology in the Schools* 15:253–59.

Morris, P. S., and McCauley, R. W. 1977. "Placement of Handicapped Children by Canadian Mainstreaming Administrators and Teachers: A Rucker Gable Survey." Paper presented at the 55th annual international convention of the Council for Exceptional Children, Atlanta, April 11–15.

Murphy, A.; Dickstein, J.; and Dripps, E. 1960. "Acceptance, Rejection and the Hearing Handicapped." *Volta Review* 6:208–11.

Page, D. P., and Edwards, R. 1978. "Behavior Change Strategies for Reducing Disclassroom Behavior." *Psychology in the Schools* 15:413–19.

Palardy, J. 1969. "For Johnny's Reading Sake." *Reading Teacher* 22:720–24.

Panda, K. C., and Bartel, N. R. 1972. "Teacher Perceptions of Exceptional Children." *Journal of Special Education* 6:261–66.

Parish, T. S.; Eads, G. M.; Reece, N. H.; and Piscitallo, M. A. 1977. "Assessment and Attempted Modification of Teachers' Attitudes toward Handicapped Children." *Perceptual and Motor Skills* 44:540–42.

Paul, J. L.; Turnbull, A. P.; and Cruickshank, W. M. 1980. *Mainstreaming: A Practical Guide.* Syracuse: Syracuse University Press.

Perry, H. L. 1980. "The Effect of Special Education Supportive Service on Teacher Attitudes toward Regular Class Integration of Mildly Handicapped Children." Dissertation Abstracts International, 40 (9A), 5003–5004. Ann Arbor: University Microfilms International.

Purkey, W. 1978. *Inviting School Success*. Beltmont, Calif.: Wadsworth Publishing.

Reich, C.; Hambleton, D.; and Houldin, B. K. 1977. "The Integration of Hearing Impaired Children in Regular Classrooms." *American Annals of the Deaf* 122:534–43.

Reynolds, W. M., and Greco, V. 1979. "Classroom Teachers' Attitudes toward Mainstreaming." Paper presented at the American Educational Research Association annual meeting, San Francisco, April.

———. 1980. "The Reliability and Factorial Validity of a Scale for Measuring Teachers' Attitudes toward Mainstreaming." *Educational and Psychological Measurement* 40:463–68.

Richardson, S. A.; Goodman, N.; Hastorf, A. H.; and Dornbusch, S. M. 1961. "Cultural Uniformity in Reaction to Physical Disabilities." *American Sociological Review* 26:241–47.

Rist, R. 1970. "Student Social Class and Teacher Expectations: The Self-fulfilling Prophecy in Ghetto Education." *Harvard Educational Review* 40:411–51.

Ritter, D. R. 1978. "Surviving in the Regular Classroom: A Follow-up of Mainstreamed Children with Learning Disabilities." *Journal of School Psychology* 16:253–56.

Rosenthal, R., and Fode, K. 1963. "Psychology of the Scientist." Pt. 5. "Three Experiments in Experimenter Bias." *Psychological Reports* 12:491–511.

Rosenthal, R., and Jacobson, L. 1966. "Teachers' Expectancies: Determiners of Pupils' IQ Gains." *Psychological Report* 19:113–18.

———. 1968. "Teacher Expectations for the Disabled." *Scientific American* 218:19–23.

———, eds. 1968. *Pygmalion in the Classroom: Teacher Expectation and Pupil's Intellectual Development*. New York: Holt, Rinehart and Winston.

Russo, D. C., and Koegel, R. L. 1977. "A Model for Integrating an Autistic Child into a Normal Public School Classroom." *Journal of Applied Behavior Analysis* 10:30–41.

Sherif, M., and Hovland, C. 1961. *Social Adjustment: Assimilation and Contrast Effects in Communication and Attitudinal Change*. New Haven: Yale University Press.

Shotel, J. R.; Iano, R. L.; and McGettigan, J. F. 1972. "Teacher Attitude Associated with the Integration of Handicapped Children." *Exceptional Children* 38:677–83.

Sigler, G. R., and Lazar, A. L. 1976. *Prediction of Teacher Attitudes toward Handicapped Individuals*. ERIC Document Reproduction Service No. ED 125 235. Alexandria, Va.: ERIC.

Silberman, M. L. 1969. "Behavioral Expression of Teacher Attitudes toward Elementary Students." *Journal of Educational Psychology* 60:402–7.

Siller, J. 1963. "Reactions to Physical Disability." *Rehabilitation Counseling Bulletin* 7:12–16.

Smart, R.; Wilton, K.; and Keeling, B. 1980. "Teacher Factors and Special Class Placement." *Journal of Special Education* 14:217–29.

Snow, R. 1969. "Unfinished Pygmalion." *Contemporary Psychology* 14:197–99.

———. 1973. "Teachers' Education and Teachers' Attitudes toward Children and Learning." *Elementary School Journal* 3:38–43.

Stephens, T. M., and Braun, B. L. 1980. "Measures of Regular Classroom Teachers' Attitudes toward Handicapped Children." *Exceptional Children* 46:292–94.

Suchman, E. A. 1950. "The Intensity Component in Attitude and Opinion Research." In *Measurement and Prediction*, edited by S. A. Stouffer. Princeton: Princeton University Press.

Triandis, H. C. 1971. *Attitude and Attitude Change*. New York: John Wiley.

Tringo, J. L. 1970. "The Hierarchy of Preferences toward Disability Groups." *Journal of Special Education* 4:295–306.

Vacc, N. C., and Kirst, N. 1977. "Emotionally Disturbed Children and Regular Classroom Teachers." *Elementary School Journal* 77:309–17.

Warrent, S. A.; Turner, D. R.; and Brody, D. S. 1967. "Can Education Students' Attitudes towards the Retarded Be Changed?" *Mental Retardation* 8:230–33.

Wechsler, J.; Suárez, L.; and McFadden, R. 1975. "Teachers' Attitudes toward the Education of Physically Handicapped Children: Implications for the Implementation of Massachusetts Chapter 766." *Journal of Education* 157:17–24.

Yap, K. 1977. "Teachers' Education and Teachers' Attitudes toward Children and Learning." *Elementary School Journal* 3:38–43.

Yucker, H. E. 1965. "Attitudes as Determinants of Behavior." *Journal of Rehabilitation* 31:15–17.

Yucker, H. E.; Block, J. R.; and Young, J. H. 1966. *The Measurement of Attitudes toward Disabled Persons*. Rehabilitation Series Report no. 3. Alberton, N.Y.: Human Resources Center.

www.ingramcontent.com/pod-product-compliance
Lightning Source LLC
Chambersburg PA
CBHW021758230426
43669CB00006B/115